Weltmeister
Henry Maske in seiner
BILD-Serie »Schlag
auf Schlag«

»Ein wahnsinniges Glücksgefühl erfaßte mich, als plötzlich die Stimme von Max Schmeling aus dem Lautsprecher drang. Schmeling gratulierte mir über eine Tonbandaufnahme, sagte:

›Lieber Henry Maske!
Nun sind Sie Weltmeister geworden. Weltmeister sein ist eine große Verpflichtung. Und ich persönlich freue mich wahnsinnig darüber, daß Sie es geworden sind. Denn niemandem hätte ich es mehr gewünscht als Ihnen, diesen großen Titel zu besitzen. Noch mehr würde ich mich freuen, wenn Sie von den vier derzeitigen Weltmeistern in Ihrer Gewichtsklasse der einzige wären. An dieser Stelle darf ich mich auch gern an Ihren Besuch bei mir in Hollenstedt erinnern. Ich hoffe, daß Sie diesen Besuch recht bald wiederholen. Oder ich werde Sie bald einmal in Frankfurt/Oder besuchen. Alles Gute, mein lieber Henry Maske, und bleiben Sie gesund.‹

Wenn so eine Legende mit 87 Jahren mir eine solche Achtung entgegenbringt, dann darf man stolz sein …«

Klaus Weise

HENRY MASKE AUF EIGENE FAUST

Der Weg zum Champion

SPORT VERLAG

SPORTVERLAG BERLIN

Inhalt

Live-Kommentar von Werner Schneyder

VORBEMERKUNG

Die Abschrift des Originaltons ist an einigen Stellen gekürzt, da manche Bemerkungen ohne Bild nicht verständlich sind und da auch manche Passagen in der Hallenatmosphäre untergegangen sind. Dennoch meinen wir, daß der Text die Geschichte des Kampfes, in dem Henry Maske Weltmeister wurde, noch einmal erzählt.

Guten Abend, Boxfreunde, Boxskeptiker und Boxgegner. Es steht uns eine interessante Sache bevor. Ein deutscher Boxer kämpft um die Weltmeisterschaft im Halbschwergewicht. Eine Persönlichkeit, die in der letzten Woche nahezu alle Intelligenzblätter veranlaßt hat, sich ausführlich mit ihr zu befassen. Ein Athlet, der die Absurdität, Boxen als Hauptberuf zu betreiben, durchaus begreift und formulieren kann. Ein Mann, dessen Image in die Boxszene nicht wirklich hineinpaßt, und die er weitestgehend ablehnt, jedenfalls eine gewisse Boxszene. Ich werde heute sicher große Schwierigkeiten haben, diesen Kampf objektiv zu kommentieren, da ich den Typ Maske sehr mag.

Ich wünsche Ihnen und mir einen interessanten Boxkampf!

-93

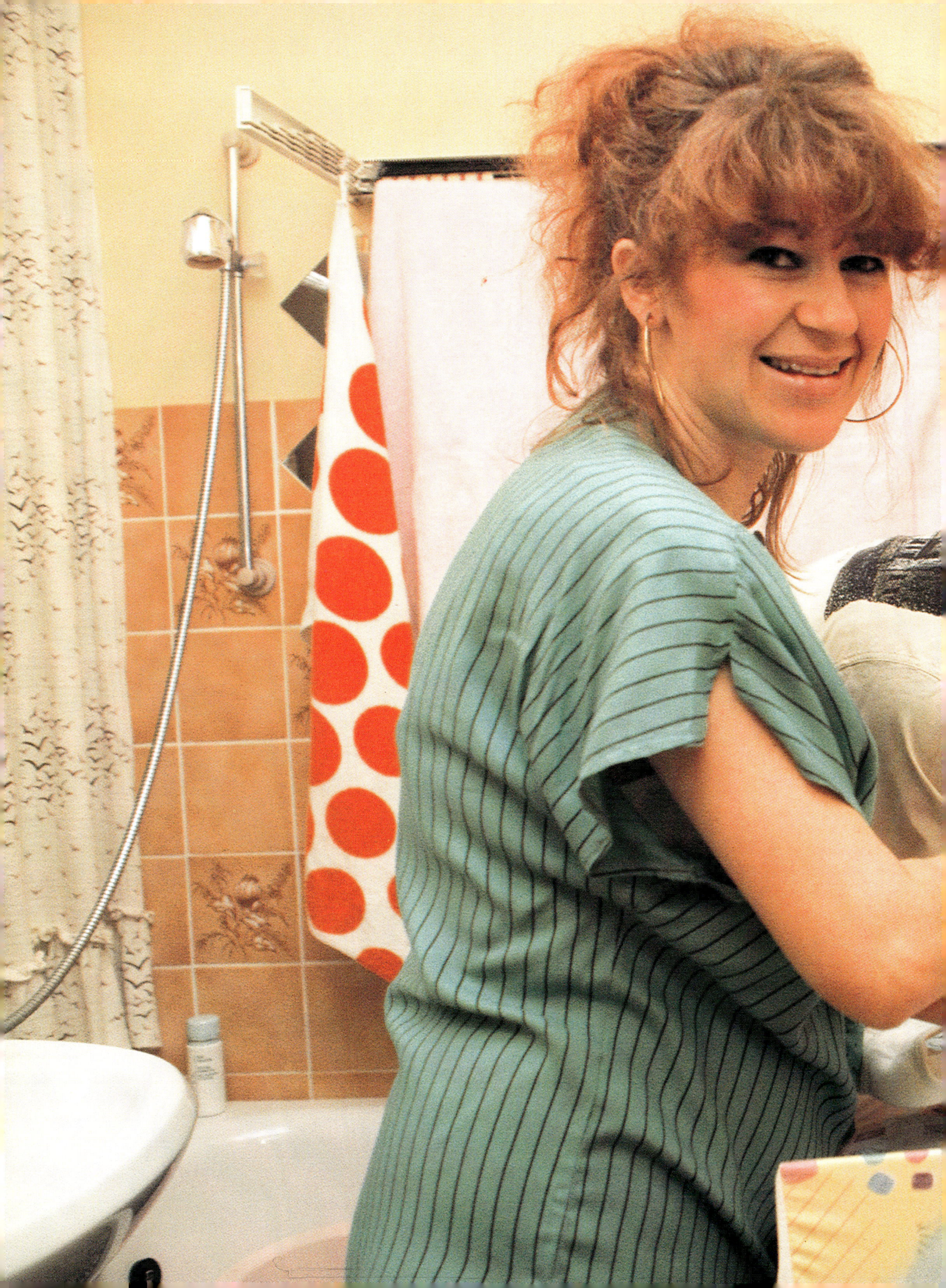

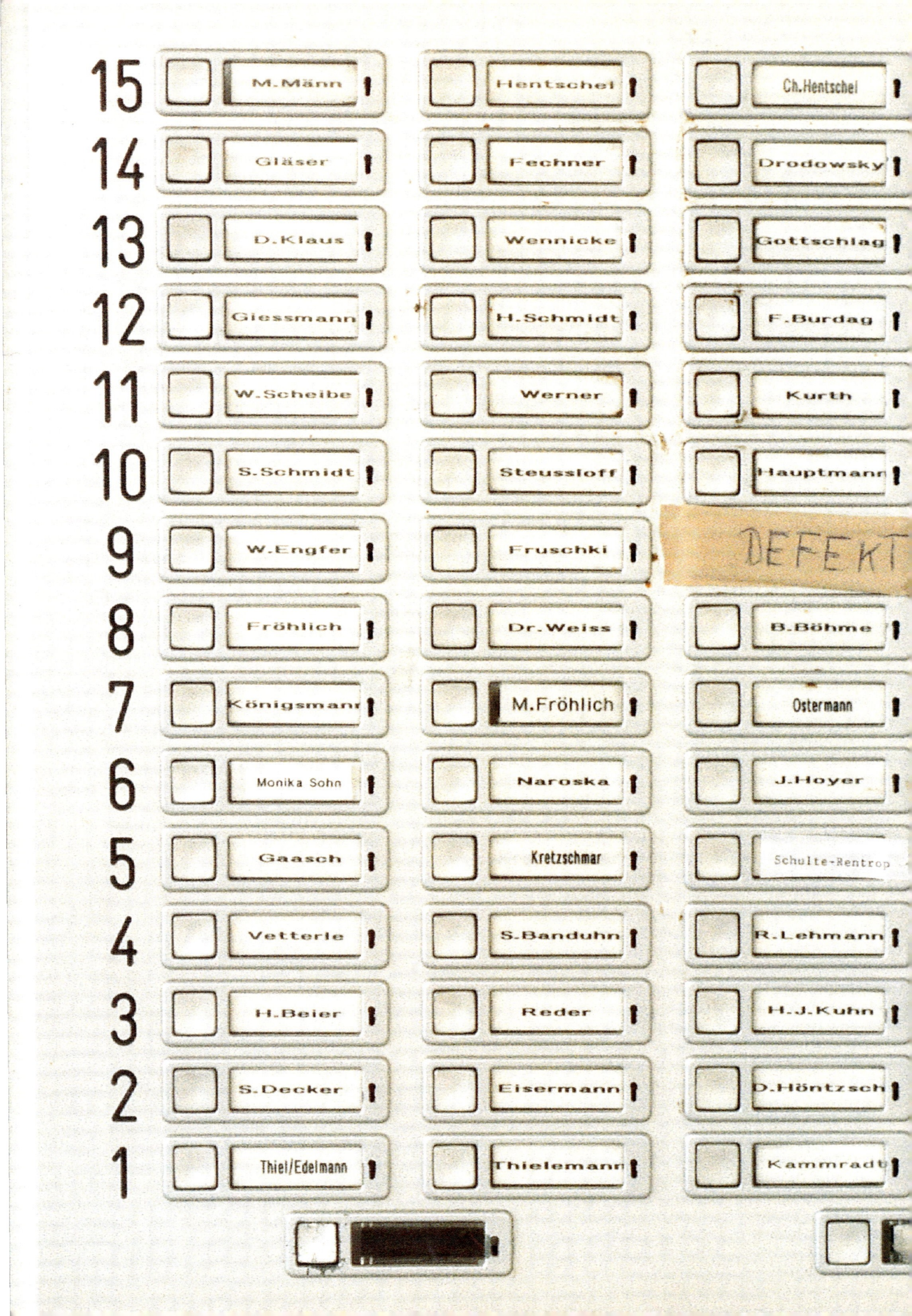
15
M.Männ
Hentschel
Ch.Hentschel
14
Gläser
Fechner
Drodowsky
13
D.Klaus
Wennicke
Gottschlag
12
Giessmann
H.Schmidt
F.Burdag
11
W.Scheibe
Werner
Kurth
10
S.Schmidt
Steussloff
Hauptmann
9
W.Engfer
Fruschki
DEFEKT
8
Fröhlich
Dr.Weiss
B.Böhme
7
Königsmann
M.Fröhlich
Ostermann
6
Monika Sohn
Naroska
J.Hoyer
5
Gaasch
Kretzschmar
Schulte-Rentrop
4
Vetterle
S.Banduhn
R.Lehmann
3
H.Beier
Reder
H.J.Kuhn
2
S.Decker
Eisermann
D.Höntzsch
1
Thiel/Edelmann
Thielemann
Kammradt

D.Fischer
Raschke
H.Maske
Witte
Link
Klauk
Dallmann
H.G.Thiel
N.Wendt
Becker
Rabald
R.Heinrich
Nissel
Kalinowski
Pirke
Bresching
K.D.Portee
Münchow
Wenke
H.Wehner
M.Tafel
K.Poth
Gerlach
Heinze
SCHOLZ
Feiertag
G.Fiebag
Klemke
Dittmar
H.Schartow
M.Linke
Hörlitz,Schade
Woschitzke
W.Zibell
Ehrlich
I.Schöning
Schiesches
Pintaske
Newe
B.Rehberg
Tannert
Kaubisch
E.Döffinger
Krawczynski
Mikulin

Sam Boyd's

TONY ROMA'S
SLOT
CLUB

I. Runde
Geradeaus mit Umwegen

20. März 1993, Düsseldorf. 7000 Zuschauer in der Philipshalle schreien »Henry, Henry«. Deutschland hat wieder einen Profibox-Weltmeister. Einen, den man herzeigen kann. Einen würdigen Nachfolger des großen Max Schmeling, der den Mann, der aus dem Osten kam, mit würdigem Respekt zum »Glücksfall« für den jahrelang geschmähten und auch von ihm selbst gemiedenen Sport erhebt. Henry Maske, einst Vorzeige-Sportler der DDR, Europa- und Weltmeister, Weltcupgewinner und Olympiasieger bei den Amateuren, hat die mitternächtliche Geisterstunde am Rhein in eine Sternstunde für das deutsche Berufsboxen verwandelt. Charles Williams, den sie »Prince« nennen, wird in 12 Runden von dem einstigen NVA-Offizier aus Frankfurt (Oder) mit Leidenschaft, Kraft und Geist ausgeboxt – und ins Fußvolk der Faustkampfgilde zurückbeordert.

Henry Maske in der blauen Hose, ein Rechtsausleger. Er ist Distanzboxer, ein Rechner, der im Ring die Taktik umstellen kann, wenn er sieht, daß er schlecht eingestellt ist.

Charles Williams, ein Schläger, ein Knock-Outer. Er muß in die Halbdistanz. Das Problem für den Rechtsausleger ist, wegzukommen vom schlagenden Mann, ihn rechts abzufangen, ihn auf Distanz zu halten und immer wieder einmal die linke Schlaghand ins Ziel zu bringen.

Charles Williams deutet seine Gefährlichkeit an. Er boxt wie ein Herausforderer, er macht den Kampf. Das war zu erwarten.

Henry Maske ist ein Mann mit einer sensationellen Kondition. Seine Betreuer werden ihm sicherlich gesagt haben, daß der Amerikaner größte Gewichtsprobleme hatte. Er kam heute mit Übergewicht auf die Waage, mußte noch einmal abkochen – da gibt es verschiedene Methoden –, bis er schließlich das Gewicht haarscharf brachte. So was kann ermüden, wenn der Kampf lange dauert.

Eine gute Linke von Maske. – Er landet einen linken Haken. Ja, er muß die Rechte fliegen lassen. Er muß immer wieder die störende Rechte ins Ziel bringen. Jetzt hat er es einmal übersehen.

Henry Maske heißt der neue Champion der International Boxing Federation, eines der vier großen Profiverbände, des reputiertesten, wie Insider meinen.

Der »Prince« ist tot, es lebe der König! Noch zeigt sich die sogenannte »Box-Szene«, jenes im Habitus so unübersehbare Milieu zwischen Halb- und Unterwelt, reserviert bis ablehnend.

Doch Maske rekrutiert seine ständig wachsende Fan-Schar gerade aus jenen, die sich bis dato den Profibox-Ringen fernhielten. Er wird der Sympathieträger für den »einfachen Mann«, für Otto Normalverbraucher. 1993 – das Jahr des unaufhaltsamen Aufstiegs eines Stilisten, der das Fechten mit den Fäusten simplen Hau-drauf-Schlachten, bei denen die Menge vergossenen Blutes als Qualitäts-Marge gilt, vorzieht.

Als sich Henry Maske in Düsseldorf erschöpft nach 12 Runden engagierter Berufsausübung feiern läßt, ist er angekommen an einem Ziel, das er drei Jahre zuvor beim Wechsel zu den Profis still für sich behielt: Weltmeister! Als er es nach einem Jahr formulierte, da prophezeiten ihm die Alteingesessenen: Such dir kleinere Berge aus, diesen Gipfel schaffst du nicht, da geht dir vorher die Luft aus. Doch Gipfel waren schon immer ein besonderer Reiz für den ehrgeizigen Athleten, der sich nie daran gewöhnen konnte, auch mal zu verlieren. »Ich habe dieses Gefühl in meiner Laufbahn kennengelernt, ich kann darauf verzichten, es aufzufrischen«, sagt der vom Drang zur Perfektion angetriebene Champion.

Gipfel muß man besteigen, oder man muß sich begnügen mit der eigenen Unzulänglichkeit, dem inneren »Schweinehund« nachgegeben, nicht alles versucht zu haben. Henry Maske ist nie stehengeblieben, er ist stets weitergegangen. Auch wenn die Beine schwer wurden, die Muskeln schlaff, die Luft knapp. Auch wenn der Gipfel mal im brennenden Schweiß, der in die Augen rann, verschwamm, die Füße abrutschten und die Hände gierig Halt suchten. Geradeaus, mit Umwegen zwar, aber immer geradeaus. Das war, das ist die Selbstbestimmung des Henry Maske. Der »Gentleman«, dem heute die gesamte Box-Fachwelt huldigt, hat nicht vergessen, wo, wann und wie er losgelaufen ist. Geburt, Kindheit, Jugend – das läßt sich bei ihm in drei Ortsnamen fassen, in drei Provinzstädtchen im Brandenburgischen, die mit wenig mehr als ihrer Gewöhnlichkeit protzen können.

Am 6. Januar 1964 kam Maske in Treuenbrietzen zur Welt, im Sternzeichen des »Steinbock« mithin, dem Astrologen besondere Energie, Zähigkeit und Ausdauer, aber auch Gefühl nachsagen. Sein Aufenthalt in dem kleinen 6000-Einwohner-Ort, der Ende des 13. Jahrhunderts Stadtrecht und damit exakt 1296 die Erlaubnis zum Mauerbau erhielt, war allerdings nur von überaus kurzer Dauer, weil allein dem Zwecke der Geburt geschuldet. Henry Maskes Eltern nämlich lebten in der wenige Kilometer entfernten Kreisstadt Jüterbog, die indes über keine Entbindungsstation verfügte. So gab es in aller Regel in jenen Jahren keine neugeborenen »Jüterboger«, zumindest nicht in offiziellen Amtsdokumenten. Der als Boxer zu Weltruhm gelangte Maske wird damit von jeher durch Journalisten jeder Couleur als Treuenbrietzener präsentiert. Was die einen wegen des erheblichen Werbewertes erfreut, die anderen, die die Berühmtheit immerhin fast acht Jahre beherbergten, aber um so mehr ärgert. Treuenbrietzen also sah Klein-Henry, der in der Geburtenstation des damaligen Kreiskrankenhauses, das seit dem 1. Januar 1994 vom Johanniter-Orden betrieben wird, seine ersten Schreie tat, nur Stunden und Tage. Ironie des Schicksals: Der Fall kann sich schwerlich wiederholen, denn heute werden dort keine Kinder mehr zur Welt gebracht, weil wegen rückläufiger Geburtenzahlen Kliniken in Wittenberg und Belzig das schöne Werk vollenden. Für Jüterbog hat sich dennoch nichts gebessert. Käme Henry Maske heute auf die Welt, dann wäre er aller Voraussicht nach ein Luckenwalder.

Jüterbog, das war die Kindheit für Henry, bis Familie Maske Ende 1971 nach Ludwigsfelde zog. Eine Stadt, deren Mittelalter-Ambiente mit Toren, Stadtmauer, Kirchen, Rathaus, Kloster den Atem der Historie durch die krummwinkligen, graubraun-tristen Gassen weht. Ablaß-Mönch Tetzel war 1517 hier und zwei Jahre später Tho-

My home is my castle: Jüterbog, Werderscher Weg 13. Familie Maske wohnte im 1. Stock.

mas Müntzer. Wallenstein gab seine Aufwartung, und 1756 sicherte Preußen-König Friedrich II. Jüterbog als Ausgangsort des 7jährigen Krieges einen zweifelhaften Platz in den Geschichtsbüchern. »Hier ballte sich Militär, wurde deutsche Geschichte geplant und vorbereitet«, liest man im städtischen Mitteilungsblatt. 1860 wurde Jüterbog preußische Garnison, 1935 kündete das neuangelegte Forst Zinna unter dem Namen Adolf-Hitler-Lager vom bevorstehenden Unheil. Das Ende des Krieges bedeutete den Einzug der Russen, ein Gutteil der Stadt ist heute sanierungsbedürftige Hinterlassenschaft.

Henry Maske ist mit Uniformen aufgewachsen. Der Vater war erst Polizist, später Zivilangestellter der DDR-Armee. Alltag in Jüterbog, später in Ludwigsfelde und Frankfurt (Oder). Im Januar 1945 waren Maskes Mutter, damals fünf Jahre alt, und Großmutter Martha – sie hatte mit Altersweisheit schon nach Henrys allerersten Versuchen verkündet: »Der Junge wird mal ein großer Boxer« – mit dem Flüchtlingstreck aus Ostpreußen in die Wald- und Hügellandschaft des Fläming gekommen. Die war entstellt, verzerrt, zerstört. Die schmutzige Fratze des Krieges zeigte sich überall – Heimat wurde nun da, wo man Aufnahme fand. Henrys Mutter lernte Dietrich Maske kennen, man heiratete, die Familie wuchs. Im Juni 1959 wurde Henrys Schwester Martina, im Februar 1961 Bruder Peter geboren – und drei Jahre später die Familie mit dem Jüngsten komplettiert. Zusammenhalt und Sinn für Gemeinsamkeit waren Lebensorder. Das prägte. Mutter Hannelore, die eigene Kindheit als traumatische Erfahrung nie vergessend, und Vater Dietrich gaben Wärme und Geradlinigkeit weiter. Charakterschulung für den Filius im Hause Maske: »Wer A sagt, muß auch B sagen.« Für Henry sind die elterlichen Vorgaben zur eigenen Maxime geworden. Seine Kindheit war so normal, so aufregend, so geheimnisvoll-spannend, so behütet und gewöhnlich wie die Tausender anderer Jungen und Mädchen in seiner Stadt und in seinem Land. Er wuchs zu Hause auf, mit Hühnern, Karnickel, einem Stückchen Garten, den üblichen Jungenstreichen mit den Kumpels aus der Siedlung. Es folgte ein Jahr Kindergarten, dann die Einschulung.

Gertrud Hönicke, seine Klassenlehrerin, kann sich deshalb gut erinnern, weil es ihre erste Klasse überhaupt war: »Eine muntere Truppe mit 27 Schülern, und Henry war einer der lebhaftesten.« Weniger im Unterricht, sagt sie, wo er sich unauffällig in die hinteren Bankreihen zurückgezogen hatte. »In den Pausen aber, da gehörte er immer zum aktiven Kern. Wenn ich ihn jetzt beim Kampf so schwitzen sehe, dann drängt sich mir das Bild des siebenjährigen Henry auf dem Schulhof auf.« In Mathe sei er gut gewesen, im Sport natürlich auch. Doch mit den »feinmotorischen Dingen« wie Heftführung, da habe er seine Probleme gehabt. Bewegungsdrang und Konzentration aufs »Schönschreiben« rieben sich eben manchmal.

Jörg Krähe, heute in Jüterbog erfolgreicher Jungunternehmer in Sachen Computer und damals Schulkamerad Henry Maskes, weiß von guten oder schlechten Noten nichts, aber von manchem »Abenteuer« um so mehr. Mit einem dritten Jungen aus der Umgebung, der heute Kripo-Chef von Jüterbog ist, habe man die Gegend einigermaßen unsicher gemacht. Ein Klassentreffen, das erste nach einem Vierteljahrhundert, soll es noch 1995 geben – ob der Weltmeister die Reise in die Vergangenheit antritt?

Seinen Bewegungsdrang, dem in der Schule nur unzureichend entsprochen wurde, konnte Henry nur ein paar Meter entfernt stillen. Schräg über die Straße, genau diagonal zu der Geschwister-Scholl-Schule, da hallten jeden Tag aus dem »Haus des Sports« Geräusche mit magischer Anziehungskraft. Springende Bälle, fallendes Eisen, trommelnde Fäuste. Schulkamerad Randolph Flaig, später auch ein passabler Boxer beim ASK Vorwärts in Frankfurt (Oder), schleppte den gerade mal Sechsjährigen mit zum Training und zu Übungsleiter Waldemar Franke. »Die beiden sind uns ganz schön auf den Senkel gegangen«, beschreibt der die ersten boxerischen Gehversuche des heutigen Champions im früheren »Bürgergarten«, einer Gaststätte mit Saal, der einst Henrys Mutter und Oma als Flüchtlinge aufgenommen hatte.

Wettkämpfe sind erst ab zehn Jahre erlaubt, es war also noch ein langer Weg, bis Henry endlich durfte, was er sofort wollte. »Die Handschuhe reichten ihm bis an die Ellenbogen, und beim Training haben er und sein Kumpel mehr gestört als genutzt.« Weggeschickt hat ihn Franke nicht, »wir haben ihn ins Vor-TZ (TZ – Trainingszentrum, d. A.) gesteckt, wo er sich ein bißchen austoben konnte«. Zweimal in der Wo-

Charles Williams ist in Amerika kein Superstar, aber daran ist vielleicht nicht er selbst schuld. Die großen Kämpfe hat er nicht gemacht. Die amerikanische Fachzeitschrift »The Ring« hat kürzlich sechs Boxer vorgestellt, die nicht so »gut« sind, wie sie eigentlich sein müßten, und da gehört er dazu. Eine wahnsinnig lebendige 1. Runde. Noch 40 Sekunden. Sehr beweglich Maske.

Energische Kommandos vom Ringrichter, das ist gut so. Gut ausgetanzt. Gut weggekommen, und nach dem Side-Step sofort geschlagen. Das ist Schule. Und wieder zwei Treffer. Der Gong ist da, die 1. Runde zumindest offen.

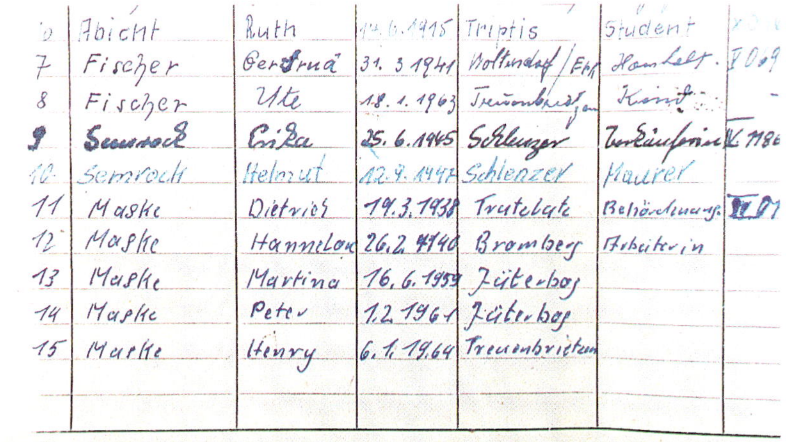

6	Abicht	Ruth	14.6.1915	Triptis	Student	[illegible]
7	Fischer	Gertrud	31.3.1941	[illegible]	[illegible]	[illegible]
8	Fischer	Ute	18.1.1963	Treuenbrietzen	Kind	–
9	[illegible]	Erika	25.6.1945	Schlenzer	Verkäuferin	[illegible]
10	Semrock	Helmut	12.9.1947	Schlenzer	Maurer	
11	Maske	Dietrich	19.3.1938	[illegible]	[illegible]	[illegible]
12	Maske	Hannelore	26.2.1940	Bromberg	Arbeiterin	
13	Maske	Martina	16.6.1959	Jüterbog		
14	Maske	Peter	1.2.1961	Jüterbog		
15	Maske	Henry	6.1.1964	Treuenbrietzen		

Fünfmal Maske: Ein Hausbuch kann ein wertvolles Dokument der Zeitgeschichte werden, wenn einer der fein säuberlich Eingetragenen zu Weltruhm gelangt. Henry, hier als letzter notiert, wird später der Erste im Boxring.

Abc-Schütze Henry Maske (hinterste Reihe, 3. von links). Rechts Lehrerin Gertrud Hönicke. **(Seite 14/15)**

che wurde Henry geduldet, 20 bis 30 Neue pro Jahr ließen für besondere Aufmerksamkeit und Zuwendung kaum Raum.

Als man sich später, Maske war längst ein Großer des Metiers, wiederbegegnete, fragte der Boxer seinen allerersten Übungsleiter: »Sie haben mich wohl sehr schnell vergessen, kennen mich gar nicht mehr?« In der Tat brachte sich Henry Maske bei Franke erst wieder in Erinnerung, als er 1977 in Leipzig für die BSG Motor Ludwigsfelde DDR-Spartakiadesieger, und daraufhin vom Potsdamer Bezirkstrainer Franke zum ASK nach Frankfurt (Oder) delegiert wurde. Heute übrigens, und da schließt sich ein seltsamer Kreis, ist Waldemar Franke Streetworker – in Treuenbrietzen. Dort herrscht in der rechten Szene teilweise »Faustrecht«, aber auf andere Weise, als es der berühmteste Treuenbrietzener – Henry Maske eben – verkörpert. Der wohnte seit November 1971 in Ludwigsfelde – und wurde dort endgültig zum Boxer. Schuld daran ist Hans Hörnlein, ein Boxverrückter, Trainer bei der BSG Motor. Einer jener, die nie im Scheinwerferlicht großen öffentlichen Interesses stehen werden, aber ohne die es keine Maskes geben würde. Die, von welchem Antrieb auch immer beseelt, nach der Arbeit Stunden um Stunden in tristen Schulturnhallen Kommandos geben, Witze reißen, Tränen trocknen, Jungs bei Laune halten. Die Konzepte schreiben, auf Straßen Muskelschau halten, hungrige Augen suchen – alles, um den oder die zu finden, aus denen etwas werden könnte. Hörnlein ist einer, der dafür ein Gespür hat. Der Mühe investiert, auch wenn sein Schützling nicht viel mehr als ein vages Zukunftsversprechen ist. Henry Maske hat bis heute Verbindung zu ihm, ist Ehrenmitglied seines früheren Heimatvereins, den er auch finanziell mit Spenden für die Nachwuchsarbeit unterstützt hat. »Ein guter Mann, der uns mit viel Gefühl begeistern und motivieren konnte, das Boxerische in den Vordergrund stellte, die blanke Keilerei regelrecht verabscheute«, lobt der Weltmeister seinen alten Box-Lehrer.

Hörnlein hielt den ungeduldigen Jungen auch bei der Stange, als dem das Warten auf den ersten Kampf schier endlos schien und die Lust am Training verhagelte. Der Ludwigsfelder Trainer hat im übrigen nicht nur Maske herausgebracht, sondern zum Beispiel auch den dunkelhäutigen René Ryl, der von Ludwigsfelde zum TSC Berlin ging, Vizeeuropameister wurde und sich auch mal, allerdings erfolglos, als Profi probierte. Daß Ryl nicht wie Henry Maske beim Armeesportklub in Frankfurt (Oder) landete, hatte Gründe. »Ein Farbiger in Armeekleidung, das ging nicht. Deshalb wurde René abgelehnt«, ist vom damaligen ASK-Cheftrainer Heinz Heine zu erfahren. Auch Maske hätte die Kinder- und Jugendsportschule, diese wichtige erste Stufe des sportlichen Aufstiegs, um ein Haar nie von innen gesehen. »Henry war ein unscheinbarer Bursche, der kaum auffiel, nur durch seinen unheimlichen Ehrgeiz aus der Reihe tanzte«, spult Hans Hörnlein den Film seiner Erinnerungen fast zwanzig Jahre zurück. So etwas, sagt der 57jährige, sei aber oft mehr wert als ein Riesen-Talent, dem der Eifer, seine Anlagen zu pflegen, abgeht.

Wie sein Jüterboger Kollege Franke weiß Hörnlein von Henrys nervender Ungeduld zu berichten, die im November 1973 endlich gestillt werden konnte. Der noch Neunjährige bestand das »Vorboxen« und durfte von nun an endlich in den Ring, um sich und den anderen zu beweisen, was er draufhatte. Seine beiden ersten Kämpfe gewann er – vom Aufhören war nie wieder die Rede.

Hans Hörnlein, Schlosser-Kollege von Maskes Vater im Instandsetzungswerk, hatte ganze Arbeit geleistet – als Ludwigsfelder verlor Henry keinen Kampf. »Er war noch lange nicht ausgereift, aber seine Reaktionsfähigkeit bereits übernormal«, sagt der Trainer über die Anfängerjahre. Trainiert wurde damals in einer schmucklosen Schulturnhalle im Neubaugebiet, und der Ring, das Objekt der Begierde des boxhungrigen Ehrgeizlings, mußte vor jeder Übungsstunde erst mal auf- und danach wieder abgebaut werden. »Henry hat schon damals versucht, den Schlag des Gegners nicht zu bekommen, aber dafür selbst zu treffen. Er hat gerechnet und überlegt. Allerdings mußte ich ihm hin und wieder mal eine verpassen, damit er nicht zu passiv wird.« Ein wirksames Rezept, das Hörnlein und Maske-Vater Dietrich als pädagogisches Duett erfolgsträchtig umsetzten. »Es ist alles eine Frage der Zeit und der Entwicklung«, bilanziert Henry in seiner Rückschau. »Da ist der erste Wettkampf, dann freust du dich auf den zweiten und willst gewinnen. Irgendwann wirst du Meister einer kleinen Region, und das willst du einfach wieder schaffen. So entwickelst du halt deinen Anspruch.«

1976 wurde er Bezirksmeister, im Juli 1977 in Leipzig schließlich als 13jähriger DDR-Spartakiadesieger in seiner Altersklasse. Ein Champion en miniature. Der Beste eines ganzen Landes. Dreimal stieg der »lange Dürre« in den Ring, dreimal gewann er souverän, und als Lohn gab's die ersten eigenen Boxstiefel. »Das war ein ganz tolles Erlebnis, so etwas wie Klein-Olympia für die Jugend«, erinnert sich Maske. An die Eltern schickte er nach dem Sieg ein begeistertes Telegramm, das er bis heute aufgehoben hat. Und der Erfolg trieb seinen Ehrgeiz weiter an.

»Im Grunde hat er schon so geboxt wie heute. Beweglich, auf Konter angelegt, psychisch stark«, resümiert Hans Hörnlein den Leipziger Triumph, bei dem er in der Ringecke sekundierte. »Der war super konzentriert, ließ sich einfach von nichts ablenken, weil er wußte, daß es um alles geht. Henry, das war schon als Stift seine große Stärke, wußte immer genau, was er wollte.«

In Ludwigsfelde, der neosozialistischen Stadt der Automobilbauer, die wie Eisenhüttenstadt architektonisch Systemüberlegenheit beweisen sollte, aber nur in steriler Einheits-Tristesse dahinvegetierte, war Jung-Henry eine sportliche Größe. Er wurde in Zeitungsartikeln erwähnt, als Zukunftshoffnung gehandelt, in der Schule belobigt, Klassensprecher. Für einen 13jährigen eine ganze Menge, und doch wollte er mehr.

Spartakiade-Gold war im DDR-Sportfördersystem die Weiche zum Schnellzug-Anschluß für Sportler-Karrieren. Henry Maske sprang erst in letzter Sekunde auf. Die Kinder- und Jugendsportschulen (KJS) und die damit verbundenen Sportklubs galten als Garanten für die Kletterpartie an die Spitze. Wer in den Betriebssportgemeinschaften steckenblieb, hatte schon vor dem eigentlichen Kampf verloren.

»Daß wir ihn überhaupt genommen haben, verdankt Henry allein seinem Spartakiadesieg«, sagt ASK-Cheftrainer Heinz Heine, zuständig für die »Blutzufuhr« im Vorzeige-

Klub. »Bis dahin wollten wir den Jungen nicht. Er hatte Arme wie Trommelstöcke, kein Mensch wäre auf den Gedanken gekommen, daß aus dem jemals was werden könnte.« Für Heine, der sich die »Kader aus dem Einzugsbereich des Bezirkes Potsdam« angesehen hatte, gab es vor Maskes Leipziger Spartakiade-Auftritt keinerlei Anlaß, sich mit dem Ludwigsfelder zu beschäftigen. »Der war doch überhaupt nicht geeignet, spindeldürre und wirkte nahezu unterernährt. Obwohl er schulische Kriterien – Mindestdurchschnitt 2,0 – klar unterbot und damit fast zu schlau fürs Boxen war, stand er für uns nicht zur Debatte. Er war schlichtweg keine Größe.« Zweimal war zuvor gesiebt und gesichtet worden, wen man in die Frankfurter Leistungsschmiede mit KJS und Armeesportklub aufnehmen wollte. Durchgescheckt, wer auf die streng wissenschaftlich errechnete Schablone paßte: Größe, Gewicht, Reichweite, erwartetes biologisches Wachstum, Kraft, Ausdauer und – das allerdings weniger wissenschaftlich – Verwandtschaft. Kam die aus dem Westen, konnte das das Aus für alle sportliche Ambitionen bedeuten. »Ein Henry Maske tauchte in keiner Rechnung auf«, sagt Heine. Der Spartakiadesieg des Ludwigsfelders aber mischte mit ein paar trockenen linken und rechten Geraden, mit geschickten Meidbewegungen und einem klaren Punktsieg die Karten neu. Danach diktierte General Walter Herkner, Chef der Armeesportvereine in der DDR, seinem Untergebenen Heine in knapper Kommandosprache nur einen Satz: »Jetzt mußt du den nehmen!« Da stets ein, zwei Plätze in den Spezialklassen der KJS in Erwartung der Spartakiadeergebnisse freigelassen wurden, fand Henry Maske ab 1. September 1977 sein nächstes Zuhause: Frankfurt (Oder).

Heinz Heine kennt die rigorosen Auswahlmechanismen des DDR-Sports aus dem Effeff: »Wäre Henry nicht 1977 Spartakiadesieger geworden, dann gäbe es ihn heute als Boxer wahrscheinlich schon lange nicht mehr.« Ein Volksarmee-General hat, wenn man so will, Deutschland letztlich einen Profi-Weltmeister beschert. Der Junge aus der Provinz zog also nach Frankfurt und damit in die »große Welt des Sports«.

Der Abschied von daheim, von Eltern, die Henry zunächst nicht aus dem Haus lassen wollten, und Geschwistern, wurde mannhaft bewältigt. Der Ehrgeiz, das Abenteuer, der Traum von Titel und Medaillen, von Olympia gar, von Anerkennung und Respekt – all das zog viel zu sehr, um Heimweh aufkommen zu lassen. Der treibende Mann im Hintergrund war immer noch Hans Hörnlein, der seinem Schützling sagte: »Wenn du was schaffen willst, bist du da genau richtig aufgehoben.« Das fand Henry schließlich selbst auch, der zweimal zur Aufnahmeprüfung an die Oder fuhr, rumgeführt wurde, alles gezeigt bekam – und natürlich beeindruckt war. Keine umgebaute Gaststätte mit Zerfallscharme wie in Jüterbog, keine Schulturnhalle mit Behelfsring wie in Ludwigsfelde, statt dessen Technik, Spitzentrainer, auf Topleistungen ausgerichtetes, hartes Trimmen.

Ein Knochenmühle mit Effekt. Ein rücksichtsloses Sieb, das den Darwinismus im Sport kultivierte: Nur die Besten kommen durch! Rauh, manchmal brutal, aber wirkungsvoll – und genau das richtige für Henry Maske.

Mutter Hannelore und Vater Dietrich: Henrys Lebensmuster für Wärme und Geradlinigkeit.

Der sportliche Ersatzvater: Hans Hörnlein, Trainer in Ludwigsfelde, mit seinem ehemaligen Schützling (unten).

2. Runde
Einstecken und Austeilen

Bei Henry Maskes Fight gegen Charles Prince Williams hat alles gerade erst begonnen. Drei Minuten sind vorüber, drei für einen Profikampf sehr lebhafte. Doch die Karten werden erst gemischt, die Kräfte sortiert. Wer macht das Spiel, wer weiß sich richtig einzuschätzen, wer überreizt seine Möglichkeiten? »So ein Kampf geht ganz anders durch den Kopf als bei den Amateuren«, weiß Maske. Er ist der Herausforderer, ein Wort, das seine Antriebe, seinen Charakter als Boxer treffend umschreibt. Er weiß, daß die Herausforderung bleiben, ja, daß sie größer werden wird, wenn er der Champion werden sollte. Die Herausforderung durch hungrige Kontrahenten, aber vor allem die Herausforderung durch den eigenen Anspruch, sich würdig zu erweisen als der Beste. Auf eine Art und Weise, wie nur Maske sie repräsen-

Unweit von mir sitzen zwei amerikanische Reporter, die bereits mit unglaublicher Lautstärke kommentieren. Sie haben jeden Grund dazu, denn Charles Williams beginnt die 2. Runde wie die 1. – mit Furor, mit Kraft und dem Siegeswillen des Schlägers. Der linke Haken wurde geblockt.

Ja, das wird für den Ringrichter nicht einfach. Der Boxstil des Amerikaners ist, wie in amerikanischen Profiringen üblich, nicht unbedingt sauber. Daraus ist ihm kein Vorwurf zu machen. Berufsboxen in den Staaten geht so. Man hatte Maske des öfteren vorgeworfen, daß er amateurhaft boxt, und man hatte Wolke des öfteren vorgeworfen, er sei nicht in der Lage, Maske auf die Stile der Berufsboxer umzustellen, aber lassen wir uns heute eines Besseren belehren. Immer wieder überfallsartig von Maske die rechte Gerade, der linke Haken, entweder zum Körper oder zum Kopf.

Es ist schwer, gegen diesen Charles Williams, der wenig Prinzliches an sich hat, Stil zu boxen. Viele Kommandos und Ratschläge aus der Ecke von Maske, der mir mal erzählt hat, daß er seinen Trainer Wolke auch bei einer tobenden Halle heraushört. Jedes Kommando versteht er, sagt er. Ich glaube es ihm.

tieren kann. Nicht nur zwei Fäuste, sondern vor allem auch ein Kopf für ein Hallelujah.

Was am Boxen anziehe, sagt die amerikanische Schriftstellerin Joyce Carol Oates, die 1988 das Essay »On Boxing« geschrieben hat, das sei die »fanatische Unterwerfung der eigenen Persönlichkeit unter ein selbstgewähltes Schicksal«. Die Professorin für Englisch an mehreren USA-Universitäten, die als Neunjährige von ihrem Vater erstmals zu einem Kampf mitgenommen wurde und sofort ein »Kribbeln im Bauch verspürte, das diese elektrisierte Atmosphäre um den Boxring herum mir vermittelte«, entdeckt im Boxen eine mystische und faszinierende »Systematik, mit der man bei diesem Sport lernt, Schmerzen zu ertragen, um ein Ziel, ein Lebensziel zu erreichen: die willentliche Verwandlung der Empfindung, die wir als Schmerz kennen, in ihr genaues Gegenteil. Wenn dies Masochismus ist – und ich bezweifle, daß es nur simpler Masochismus ist –, dann braucht es dazu auch Intelligenz, List und strategisches Talent. Es ist ein Akt vollendeter Selbstbestimmung.« Selbstbestimmung, sich von Williams, der sich aus dem Schwarzen-Ghetto vom Underdog zum Champion hochgedient hat, mit rechten und linken Geraden traktieren zu lassen? Sich einem zu stellen, der nicht nur um Ruhm und Weltmeistergürtel, sondern um seine Existenz als Boxer, um seinen sozialen Status kämpft? Da heißt es heiß sein, leidenschaftlich, um in dieser Auseinandersetzung um Sein oder Nichtsein bestehen zu können. Und kühl zu bleiben, auf die eigenen Stärken zu vertrauen, dem Kontrahenten den Schlachtplan aufzuzwingen. Einstecken und Austeilen, das gehört zusammen. Aus dem einen lernt man, um das andere zu beherrschen. Je schneller das gelingt, um so drastischer entwickelt sich das Verhältnis zugunsten des Austeilens. Dazu gehörten physische Stärke, Ehrgeiz, Lernbereitschaft, der Wille, sich zu quälen und zu schinden, Einsicht, Talent, Technik und vor allem Geist.

Als Henry im Herbst 1977 an die Kinder- und Jugendsportschule »Fritz Lesch« nach Frankfurt (Oder) kam, da hat er von alldem ein bißchen. Von dem einen mehr – Ehrgeiz –, von dem anderen weniger – Physis. Sechs Jahre später, im Frühjahr 1983, legte der KJS-Schüler Maske, sichtlich gereift, sein Abitur ab. Mit der Gesamtnote »gut« und einem Zensurenschnitt von 1,6. Nun hatte er von dem, was einen Faustkämpfer von Klasse ausmacht, zwar bei weitem noch nicht genug, aber immerhin so viel, daß, so er sich denn nicht zufriedengab, die Hoffnung bestand, die Gipfel des Sports nicht nur aus der Bodenperspektive bestaunen zu müssen. Bergsteiger sein, zur Not Umwege nehmen, aber auch, wenn Kulissen die Aussicht nach oben verstellen, die Vision stets vorm inneren Auge behalten, den Himmel anzukratzen. Henry Maske hat nicht zufällig Reinhold Messners Bücher gelesen. Den Drang, sich zu probieren, zu messen, auszuloten, immer wieder Herausforderer zu sein, fand er in den Erlebnissen des bärtigen Weltenwanderers bestätigt.

Als der 14jährige, daheim in Ludwigsfelde ein Ausnahmeathlet, in Frankfurt plötzlich nur einer von vielen »Ausnahmeathleten« wurde, da galt es sich zu entscheiden, ob durchkommen, mitlaufen oder ankommen und vornweglaufen das persönliche Motto sein sollte. Ein Jahr zuvor war Kugelstoßer Udo Beyer, wie Maske einst Schüler der KJS in der Oderstadt, in Montreal

Die Boxer-Klasse an der Frankfurter Kinder- und Jugendsportschule mit Henry Maske (hinten, 3. von links) und Andreas Otto (rechts daneben).

Vorhang auf in Jüterbog: Hier trug Henry erstmals Boxhandschuhe. **(Seite 20/21)**

Sieger beim Schweriner Juniorenturnier 1981. **(Seite 21)**

ASK-Cheftrainer Heinz Heine über den jungen Henry Maske: »Für einen Boxer fast zu schlau.« Der so Gelobte glänzte im Ring und in der Schule.

Er hat auf diese Chance, Weltmeister zu werden, lange, lange warten müssen. Er hat trainiert und trainiert, doch kam es zu keinem Titelkampf. Einmal kam Vergil Hill nicht, dann ein zweites Mal Williams nicht. Aber heute will Maske nicht nur die Börse von 100.000 DM gewinnen, das ist nicht das wesentliche, denn davon bleibt ihm nicht viel. Er will einen Titel haben und den dann vermarkten, will den dann freiwillig verteidigen, da ist was zu verdienen, bis der Tag kommt, der für jeden Boxer einmal kommt, wo er den Titel entweder abgibt, also freiwillig zurücktritt, oder verliert.

Guter Treffer von Maske. In der DDR war sein Lebensweg vorgezeichnet, er wäre 1992 noch einmal zu den Olympischen Spielen gefahren. Er hätte dort gewinnen sollen, er war als Sieger sozusagen »geplant«, dann wäre er Sportlehrer geworden und hätte im Rahmen dieser Gesellschaft ein privilegiertes Leben gehabt. Mit Ende des Staates stand er im Grunde vor dem Abgrund. Da las er in der Zeitung, er würde Berufsboxer werden.

Helmut Kohl, Bundeskanzler:
Sie haben das Zeug, um an die Tradition von Max Schmeling anzuknüpfen. Lassen Sie sich nicht verbiegen. Nehmen Sie sich ein Beispiel an mir. Die Presse hat mich auch schon so oft k.o. geschrieben …

sensationell Olympiasieger geworden. Gerademal 20 Jahre alt. Das war's doch! Als der Boxer Udos Coup acht Jahre später in Los Angeles nachexerzieren wollte, durfte er nicht, weil die DDR der Vorgabe aus Moskau folgte und die Spiele boykottierte. Wie Beyer war Maske da 20 und hatte die Weltspitze im Seilquadrat erreicht. Geschult, ausgebildet, getriezt, gefordert und gefördert an einer Schule, die auf verlorene Kindheiten wenig Rücksichten nehmen konnte, weil es einen klaren »Leistungsauftrag« von Partei und Staat gab, der nicht differenzierte, sondern lediglich zwischen Erfüllung und Nichterfüllung unterschied. Eine Knochenmühle, in der Rädchen um Rädchen ineinandergriff, um Medaillen für die Zukunft zu produzieren. Eine sportliche Elite-Einrichtung und Kaderschule, die in ihrer staatlich subventionierten Effektivität eine Art Karikatur der real existierenden Gesellschaft war. »Im Sport hatten wir eigentlich schon immer Marktwirtschaft«, sagt Henry Maske und sieht das als einen Grund für den Erfolg an. Marktwirtschaft aber will gelernt sein.

Der Beginn an der Leistungsschmiede war für den an die DDR-Grenze zu Polen verpflanzten Jungen aus dem Fläming die Zeit der Lektionen fürs Sportlerleben. »In Ludwigsfelde hatte ich die ersten Schritte hinter mich gebracht, ein bißchen reingerochen ins Boxen. Da ich nicht gerne aufgebe, war ich dabeigeblieben, und als auch Erfolge kamen, da schien das alles so, als könnte es gar nicht anders sein. Ehrgeiz hatte ich, aber irgendwie glaubte ich, das geht von allein seinen Gang. Ich war groß, schnell, besaß ein gutes Auge, meinte vielleicht, das reicht. Aber davon hatten wir mehr, und die meisten sind längst vergessen.« Im Mai 1978, Henry war ein Dreivierteljahr Frankfurter KJS-Schüler, wurde er in Rostock-Reutershagen DDR-Kindermeister (Altersklasse 14), landete gegen den Geraer Jens Hoyer einen überzeugenden 5:0-Punkterfolg. Bis dahin kannte der eckig wirkende Box-Eleve, der seine Kontrahenten mit Rechtsauslage und stochernder Führhand auf Distanz hielt, um dann mit sorgsam vorbereiteten, sparsamen Aktionen selbst Akzente zu setzen, das Gefühl der Niederlage gar nicht. Das durfte er erst schmecken, als er Ende 1978 bei Klubvergleichen in der DDR-Jugend-Oberliga gegen ältere und körperlich stärkere Gegner antreten mußte und Lehrgeld zahlte. Er verlor gegen den Berliner TSC-Boxer Streek, kurz darauf gegen den Cottbuser Axel Klein gar durch eine Abbruch-Niederlage in der 1. Runde. Der

Austeilen: Der Schweriner Schween am Boden (oben).

Einstecken: Gab es, aber Henry blieb nie in der Angst-Ecke.

robuste Lausitzer hatte den aufsässigen Jüngling zu Boden geschickt. Henry Maske erinnerte sich daran wieder, als ihm bei seiner vierten Titelverteidigung als Profi-Weltmeister der Italiener Andrea Magi eine krachende Rechte an den Kopf feuerte und er angezählt wurde. Wann ihm denn so etwas zum letzten Male passiert sei, wurde der Champion gefragt: »Es gab da in grauer Vorzeit mal ein Cottbuser Klein, aber aus dem ist wohl nichts geworden.« Aus Henry Maske dagegen um so mehr.

Einstecken und Austeilen – auch Axel Klein hat seinen Teil dazu beigetragen, daß Maske diese Polarität heute weitgehend selbst bestimmen kann. »Ich hatte gute Trainer und Lehrer, die mich vor Genügsamkeit bewahrten«, die anstachelten und provozierten, um Entwicklungen in Gang zu setzen. Meist funktionierte das, nicht immer, aber immer öfter: »Ich stellte für mich den Grundsatz auf, der Beste sein zu wollen. Ich wollte alles ganz einfach etwas besser machen als die anderen.« Entscheidenden Anteil daran hatte Trainer Dietrich Bleck, der das richtige Maß zwischen Dirigieren und Motivieren fand. Drei Jahre lang betreute Bleck die Boxer-Klasse, zu der neben Maske auch Andreas Otto gehörte, der seit 1989, als er Vizeweltmeister wurde, als einziger deutscher Amateur-Faustkämpfer Medaillen bei allen internationalen Meisterschaften – Olympia 1992 ausgenommen – gewann. »Das war eine ganz starke Truppe«, sagt der Coach. Maske, Otto, Norbert Jentsch, mit dem Henry später im KJS-Internat das Zimmer teilte, und vier weitere Talente – gleich sieben aus dieser Klasse wurden vom Klub übernommen, eine Ausnahme und absolute Erfolgsquote. »Diese drei Jahre von der 8. bis zur 10. Klasse, das waren oft Schnittpunkte im Leben eines jungen Sportlers. Schaffte man danach den Sprung in den Förderkader, dann durfte man sich Hoffnungen machen, mal ganz oben zu landen. Fiel man durch dieses Sieb, gab es drei Möglichkeiten. Entweder man fand sich ab, orientierte sich auf ein anderes Ziel. Oder man hatte soviel Charakter zu sagen: Jetzt gerade, ich schaff's trotzdem! Oder man blieb auf der Strecke, bekam die Kurve für sich selbst nicht mehr.« Für jeden dieser Wege gibt es zig Beispiele. Mutmachende, alltägliche, tragische. Henry hatte keine größeren Probleme, weder im Boxring noch auf der Schulbank. »Er wollte nicht mittelmäßig sein, ärgerte sich über sich selbst, wenn er nicht zufrieden mit sich sein konnte«, berichtet Bleck. »Henry war nicht der Fleißigste im Unterricht, konzentrierte schon damals alles auf den Sport.« Dennoch schaffte er später ohne Probleme den Abiturkurs, kam mit den dann veränderten Bedingungen für die »geistige Nahrungsaufnahme« zurecht. Abschreiben vom Banknachbarn wie in der 20-Schüler-Klasse mit Fußballern oder Radsportlern war nicht mehr. Statt dessen Einzelunterricht, nachdem man sich durch »Gesundschrumpfung« – nur, wer Leistung brachte, blieb – und verschiedene Bildungswege auf Minigruppen reduziert hatte. Drei, vier Sportler waren in Henrys Klasse übrig – jedem sein Sonderprogramm. Von Wettkämpfen, Meisterschaften, Turnieren, Lehrgängen diktiert.

»Das war schon eine besondere Situation«, ruft Dorit Hoffmann, Henrys Lehrerin in der 11. Klasse, ihre Gedächtnisprotokolle ab. »In kleinen Kabinetten, die maximal vier Leuten Platz boten, saß man sich vis-à-vis, sozusagen Auge in Auge, gegenüber. Es ist schwer, da eine Atmosphäre zustande zu bringen, in der man etwas bewegen kann. Dazu gehört der Wille, das Wollen beider Seiten. Verweigert sich einer, wird es vergeudete Zeit.« Henry Maske war, so meint Dorit Hoffmann unisono mit ihren Kollegen, keiner, der im Normal-Diagramm nach oben oder unten ausfiel. »Er hatte mal keine Lust, war auch mal ruppig, aber das sprengte nie den Rahmen. Wichtig war für ihn, daß er im Sport Spitze war, das andere nahm er als notwendiges Zubehör. Das mußte man hinter sich bringen, wenn auch so gut wie möglich.« Was Henry denn auch tat. Gute Zeugnisse, gute Beurteilungen, 10. Klasse, Abitur. Geschichte sei nicht seine Welt gewesen, weiß Frau Hoffmann zu berichten. »Arbeiterbewegung und Lenin-Schriften, nein, das war nicht seine Stärke.«

Dafür wußte er die Fäuste um so besser zu handhaben. »Er hat niemals betrogen im Training«, erzählt Dietrich Bleck. »Ich hatte Leute, die haben getrickst, wenn ich nicht hinsah, die haben abgekürzt, wenn es sich machen ließ. Nicht so Henry. Der war immer 100 Prozent, hat eher noch mehr gemacht, weil für ihn nur das sportliche Weiterkommen zählte.« Dabei, meint Bleck, sei Maske gar kein Talent im eigentlichen Sinne gewesen. »Er hatte zunächst erhebliche Probleme mit der Koordination, konnte nicht mal richtig Fußball spielen. Aber er war groß, und nach ein paar Jahren auch stattlich – der Muskelzuwachs schlug auf sein boxerisches Vermögen durch. Sein großer Vorzug war, daß er gut beobachten und mit den Informationen, die er aufnahm, auch etwas anfangen konnte.«

Schon damals war Maske im Stil festgelegt. Die Schweriner Michael Timm und Karsten Röwer, heute Trainer in der mecklenburgischen Landeshauptstadt, seinerzeit mehrfach Kontrahenten des Frankfurters, umschreiben diesen mit »ganz eklig«. Der eine immerhin hat Henry im einzigen internen Zweikampf, dem Spartakiade-Finale 1979 unter freiem Himmel in der Berliner Wuhlheide, klar besiegt. Der andere hat in zwei Duellen zweimal verloren. »Als Junior war er zwar lange nicht so stark wie heute, aber seine Anlagen waren alle schon ziemlich ausgereift«, sagt Röwer. »Zuvörderst wollte er das Konzept des Gegners zerstören, keine Kampfaktionen zulassen. Physisch war er noch nicht so stabil, um das in aller Konsequenz durchzuhalten. Ein robuster Kontrahent, der gnadenlos nach vorn ging, hatte seine Siegchance.« Einige nutzten sie. »Trat das ein, war Henry nicht nur schwer ge-, sondern auch ziemlich schlimm betroffen«, erinnert sich Bleck. »Er war mit sich und der Umwelt unzufrieden, aber er hat nie resigniert, eher fühlte er sich angespornt.« Das hieß für den Teenager, der sich selbst später als »Kopf-Menschen« bezeichnen wird, die Schraube des Ehrgeizes noch weiter anzuziehen. Bleck: »Für den Sport und das Training hat er alles gegeben.«

Andreas Otto, Mitschüler seit dem Frühjahr 1978 und einer der wenigen, den Henry Maske wohl als seinen Freund bezeichnen würde, kann das aus jahrelangem Erleben bestätigen. »Der war einfach besessen, von Anfang an. Während wir anderen uns immer mal ein paar Abschweifungen geleistet haben, weil wir doch wenigstens halbwegs mit ein bißchen Jux und Tollerei leben wollten, hat Henry zielstrebig an seinem Aufstieg gezimmert, nicht nach links und rechts gesehen, um sich ja nicht vom geraden Weg abbringen zu lassen.« Daß er schon seit der 9. Klasse mit seiner späteren ersten Frau Anke befreundet war, schränkte Maskes Abenteuerlust zudem auch auf anderen Gebieten ein, die für junge heranwachsende Männer in aller Regel überaus anziehend sind. Vormittags und nachmittags habe man trainiert, doch Henry danach mal zu einem Kinobesuch oder einem Bier zu bewegen, sei schwer gewesen. »Das ist vielleicht ein halbes dutzendmal vorgekommen«, schätzt Otto, der als Auswahlmitglied bei Wettkampfreisen drei Jahre lang, 1987 bis 1990, das Zimmer mit Henry Maske teilte. Rauchen, saufen, sagt er drastisch, das seien für den Asketen Tabus gewesen. Als sie ab Ende November 1987 gemeinsam bei Manfred Wolke trainierten, »da ist das auch für mich gut gewesen«. Man habe sich an Maskes Beispiel hochziehen können, an seiner Bedingungslosigkeit, seiner Härte gegen sich selbst, seinem Ehrgeiz, der sich das Rezept verschrieben hatte: Nichts ist unmöglich!

Henry Maske, der Musterschüler, wie mit dem Schnittmusterbogen paßgerecht gemacht für Siege und Medaillen? Intelligent dazu, einer zum Vorzeigen und für Wunsch-Texte also, wenn mal hoher Besuch von oben kam?

»Ein Musterschüler war er garantiert nicht«, antwortet Dietrich Bleck. Davon habe es wenige an der KJS gegeben, und ob die überhaupt das Durchsetzungsvermögen künftiger Top-Athleten gehabt hätten, sei sowieso höchst fraglich. Natürlich hätten die Jungs auch Mist gebaut, im Internat mal »Rabatz« gemacht. »Das war so etwas wie ein Ventil nach der immensen Beanspruchung den ganzen Tag über«, vermutet der Trainer. »Die waren doch gefordert wie Erwachsene, hatten ein Pensum zu leisten, das Körper und Geist enorm schlauchen mußte.« Zweimal täglich zwei Stunden verlangten die akribisch verfaßten »Rahmentrainingspläne«, zwanzig als Minimum pro Woche – und dazwischen lag der Unterricht. Frühmorgens mit müden Augen zwei Stunden Schule, dann die erste Einheit. Kurze Pause, Schule, zweite Einheit. Das erzieht zu hoher Belastungsfähigkeit, macht selbständig. »Man konnte Henry eine Aufgabe geben und sich dann darauf verlassen, daß er ehrlich daran arbeitet. Schattenboxen zum Beispiel. Die nur die Uhr im Hinterkopf hatten, das Ende des Trainings herbeisehnten, die schlugen beliebige Luftlöcher. Henry hat sich seine Auseinandersetzung mit dem gedachten Gegner allein entworfen. Meidbewegungen, geschlossene Deckung, Schlagkombinationen.« Henry Maske machte es seinem Trainer Dietrich Bleck leicht: »Es war nicht schwer, etwas in seinen Kopf hineinzukriegen, weil er, wenn er Sinn und Zweck begriffen hatte, alles sehr bewußt tat. Der nahm auch beim Heimurlaub keine Auszeit vom Boxen ...« Während manche der Jungs Weihnachten nur nach dem Motto »Auf der Couch sitzen und Beine hoch« verlebten, kam Maske so fit zurück, wie er losgefahren war.

Bleck hat Henry Maske später noch einmal zweieinhalb Jahre betreut, von Mai 1985 bis November 1987, als dessen Coach Wolke wegen seiner Alkoholprobleme für längere Zeit vom angestammten Dienst, dem Training der Spitzenboxer, suspendiert worden war. Im Herbst 1985 haben Bleck & Maske im Frankfurter Vorstadt-Wald gar gemeinsam eine Weihnachtstanne geklaut, wurden vom Förster erwischt und mußten fünf Mark Strafe zahlen. Der grünuniformierte Hüter der Flora ließ bei Maskes wohl einziger größerer Missetat also Milde walten und hätte ein knappes Jahrzehnt später am liebsten auch noch die korrigiert: »Wenn ich gewußt hätte, daß der mal eine solche Berühmtheit und sogar Profi-Weltmeister wird, dann hätte ich ihm den Baum doch geschenkt.« Geschenkt bekam Henry in den KJS-Jahren nichts, »und das war gut so, weil diese Praxis die Realität des Spitzensports vorwegnahm«.

Bruno Schneider, Schuldirektor in Frankfurt, als der 14jährige Maske Eleve in der Leistungsschmiede wurde, hat sich die schnörkellose Geradlinigkeit des Jungen gemerkt. »Als wir Anfang 1978 beim Appell die Spartakiadesieger des Vorjahres vorstellten, da dachte ich: Mein Gott, wie will sich dieser lange, dürre Spund durchsetzen? Ein paar Monate später hat Cheftrainer Heinz Heine ihn mir gezeigt: Sieh dir den mal an, aus dem wird was! Er wirkte zwar etwas steif, aber seine Beinarbeit, wie er rechts-links ausgewichen ist, das war sagenhaft. Und er hatte es nicht nur in den Beinen und Fäusten, sondern auch im Kopf. Henry war kein Großmaul, klug, zurückhaltend, manchmal eigensinnig. Er gehörte zu den Guten, war aber keiner, mit dem man sich näher beschäftigen mußte.« Wie er es Jahre zuvor mit Rudi Fink erlebt hatte, Olympiasieger 1980 und auch ein Schützling von Wolke. »Den hätten wir hundertmal von der Schule feuern müssen, wenn wir uns sklavisch an vorgegebene Richtlinien gehalten hätten. Ein paar Fünfen hatte Rudi immer auf dem Zeugnis, aber wir haben trotzdem an ihm festgehalten – und aus ihm ist was geworden.«

Mit Henry Maske hatte Schneider nur einmal eine Begegnung der ernsteren Art. »Als nach der 10. Klasse die Schüler zum Abschluß das übliche Remmidemmi veranstalteten, sich in irgendwelche verrückten Kostümierungen warfen und mit Transparenten wie ›Schule – die Hölle auf Erden‹ durch die Innenstadt zogen, da haben wir ihnen gesagt: Schnaps ist Schnaps, und Dienst ist Dienst, so kommt ihr nicht in die Schule. Ein Fehler! Denn auch die, die gar nicht direkt beteiligt waren, meinten nun, wenn die nicht rein dürfen, bleiben wir auch draußen. Im Nu war der Schulhof, direkt an der Straße gelegen, schwarz vor Leuten. Was machte das für einen Eindruck, so etwas wie ein Sitzstreik an der KJS!« Henry Maske, quasi ungewollt ins Geschehen reingezogen, setzte sich beredt für seine Kameraden ein – Schneider pickte ihn sich heraus: »Henry, du kommst mit zum Chef!« Was folgte, hat der Direktor nicht vergessen: »Wo anderen die Knie weich wurden, blieb er ohne Hemmungen. Er hat sachlich, beherrscht und ohne Aufsässigkeit begründet, warum er und die anderen auf dem Schulhof waren und warum sie sich ungerecht behandelt fühlten. Er hat sich nicht kleingemacht, das war etwas, was ihn noch heute auszeichnet.«

Als Henry 1983 sein Abitur bestand, von der Schule abging, NVA-Angehöriger wurde und parallel dazu ein Sportstudium aufnahm, da war er bereits ein erfolgreicher Sportler – einer, der sich durch Glanz von Medaillen aus den vielen guten heraushob. Im März hatte er beim Chemiepokal in Halle den

Erster Erfolg, unbeholfene Pose, Unbeschwertheit, Nachdenken. Stationen einer Sportler-Jugend: Spartakiadesieger 1977 in Leipzig (unten rechts), Wintertraining in Johanngeorgenstadt (oben rechts), erste Autogrammkarte (unten links).

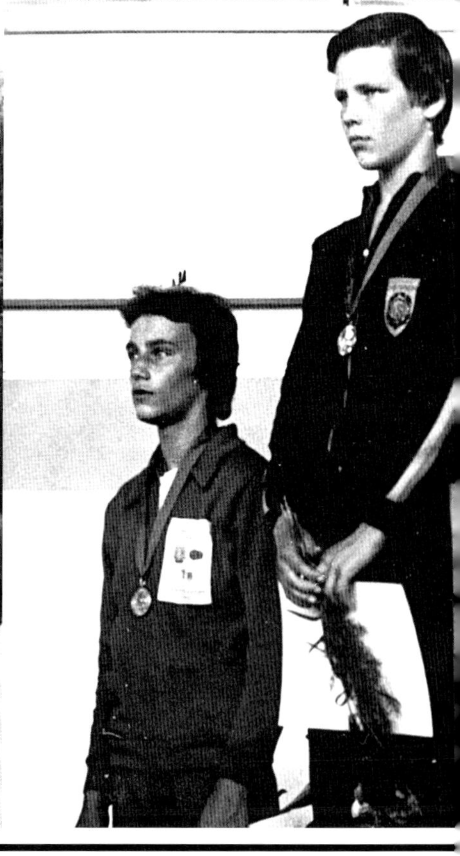

kubanischen Olympiasieger José Gomez nach allen Regeln der Boxkunst ausgepunktet, später im Mai in Warna mit EM-Bronze die Sensation bestätigt. »Mir imponierte, daß er trotz dieser sportlichen Belastung zu den wenigen gehörte, die sowenig Streckung wie möglich wollten, was die Schule betraf«, erzählt Schneiders Direktor-Nachfolger an der KJS, Dr. Rudi Ramm. »Da kam keine Bitte, ein halbes Jahr anzuhängen. Es gab Einzelunterricht auch am Wochenende, und Henry schaffte mit Fleiß und Selbstbewußtsein den Abschluß in der normalen Zeit. Und das war kein Not-Abitur, wie manche heute geringschätzig weismachen wollen.« Henry Maske hatte seine eigenen Ansprüche erfüllt, nicht aufgegeben, sich durchgeboxt. Die KJS lag hinter ihm, er hatte sie bestanden, überstanden – mit Gewinn für seine Persönlichkeit, war stärker, reifer, bewußter geworden. »Es liegt an jedem selbst, was er aus sich macht«, sagt er. Die Schule, seine Schule, die heute nicht mehr nach dem Kommunisten Fritz Lesch benannt ist wie zu Maskes Zeiten, die zwar von den Frankfurtern noch KJS genannt wird, aber einstweilen nachwendegerecht eine »Sportbetonte Gesamtschule« geworden ist, hatte dafür ein ganz auf Zweckmäßigkeit ausgerichtetes Instrumentarium geliefert. »Das machte Sinn, und deshalb sollten meine Nachfolger in der Gegenwart dieselben Chancen haben.«

Henry Maske ist übrigens wie sein Trainer Manfred Wolke und die anderen Frankfurter Profi-Boxer Mitglied des Fördervereins der Schule, die im Herbst 1995 ihr Jubiläum des 40jährigen Bestehens feiert. Vorher aber soll der Weltmeister, dessen handsigniertes Foto im Foyer ebenso wie die mit Maske-Autogramm gezeichneten Olympiahandschuhe von 1988 auf den wohl berühmtesten Absolventen hinweisen, für die 14jährigen die Jugendweihe-Rede halten. »Wenn ich nicht gerade im Ring stehe, warum nicht?« Schließlich hat Henry Maske etwas zu vermitteln. 1983, nach der KJS, da lag für den Sportler, der über Treuenbrietzen, Jüterbog und Ludwigsfelde nach Frankfurt (Oder) gekommen war, die Box-Welt offen. Würde er sie erobern?

Er war auf dem Weg nach oben, vielleicht nach ganz oben.

3. Runde
Aufstieg, oben, ganz oben

»Henry, Henry«-Sprechchöre hallen durch die Düsseldorfer Philipshalle.

Der Herausforderer, der den »Prince« stürzen will, hat zwei Runden lang den Gegner studiert, dessen Respekt gespürt, ihm beigebracht, daß er um seinen Titel kämpfen muß, wenn er ihn behalten will. »Das ist wie ein Schachspiel«, sagt Maske, der seine Figuren in Stellung bringt. Ohne überstürzten Eifer, mit Bedacht und vorausdenkender Strategie. Williams marschiert und merkt doch, daß er vom angeblichen »Angstboxer« aus dem deutschen Osten in die geistige Defensive gedrängt wird. »Es ist mein Ziel, daß sich der Gegner mit mir beschäftigen muß, statt mit seinen eigenen Stärken«, wird Henry Maske später seine Faustkampf-Philosophie umschreiben. »Ich biete ihm nicht das, was er sucht. Das macht ihn unsicher, knebelt seine Wirkung, läßt ihn schlecht aussehen – und schafft mir die Möglichkeit, den

In der Rundenpause gab es die ersten Debatten, wie der Kampf steht. Unentschieden, meint man. Bis jetzt.

Die 3. Runde. Der deutsche Berufsboxer in der blauen Hose aus Frankfurt an der Oder, dessen zweite Frau das zweite Kind erwartet. Sie wird vor dem Bildschirm sitzen.

Der Amerikaner aus Mississippi hat als 16jähriger mit dem Profiboxen begonnen. 1987 gewann er die IBF-Weltmeisterschaft. Ein Familienmensch, ein religiöser Mann, wie häufig amerikanische Boxer. Sie fühlen sich des öfteren zum Missionieren veranlaßt. Auch Williams soll gelegentlich Vorträge halten.

Ich habe mit Henry Maske einmal ein langes privates Gespräch geführt, da hat er mir viel von seinem Umfeld erzählt, und das meiste davon möchte ich nicht wiedergeben, weil ich glaube, daß ich damit sein Vertrauen verletze. Aber das darf ich sagen, daß er gesagt hat, es war für ihn eine unglaubliche Situation, als die Mauer aufging und er die freie Marktwirtschaft und so auch die freie Boxwirtschaft erlernen mußte. Hier seine Quote: 19 Siege, 10 K.o.-Siege.

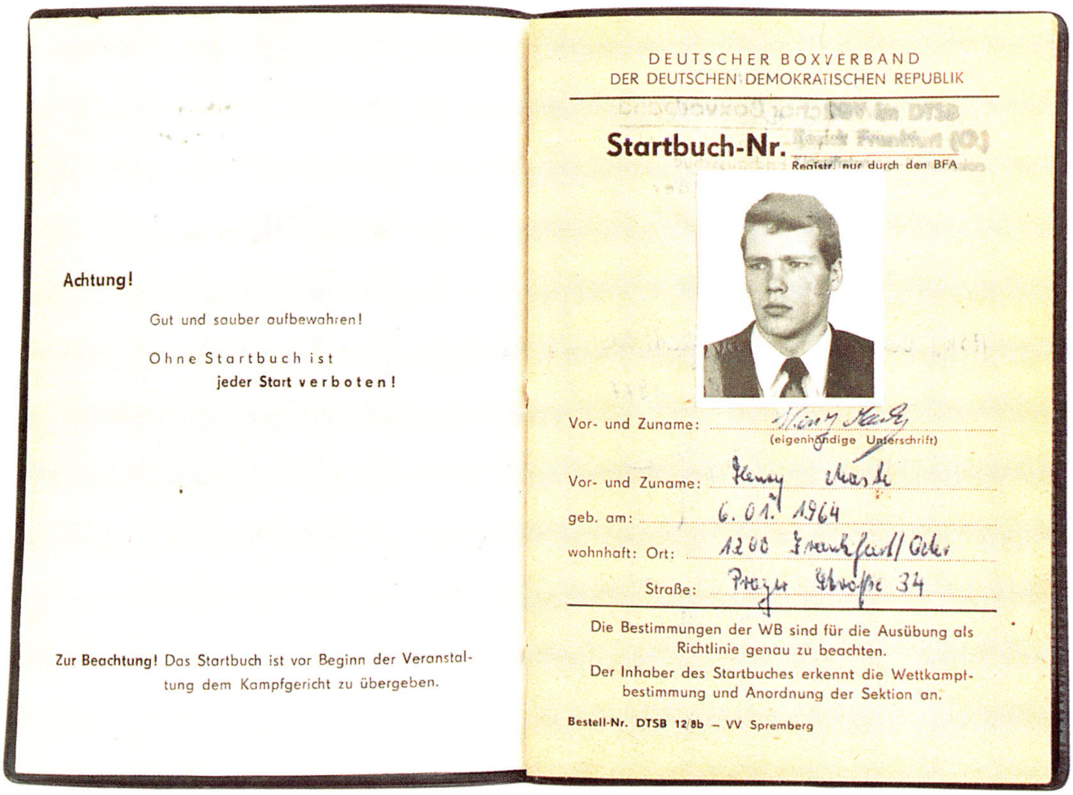

Achtung!

Gut und sauber aufbewahren!

Ohne Startbuch ist
jeder Start verboten!

Zur Beachtung! Das Startbuch ist vor Beginn der Veranstaltung dem Kampfgericht zu übergeben.

DEUTSCHER BOXVERBAND
DER DEUTSCHEN DEMOKRATISCHEN REPUBLIK

Startbuch-Nr. Bezirk Frankfurt (O)
Registr. nur durch den BFA

Vor- und Zuname: (eigenhändige Unterschrift)

Vor- und Zuname: Henry Maske

geb. am: 6. 01. 1964

wohnhaft: Ort: 1200 Frankfurt/Oder

Straße: Prager Straße 34

Die Bestimmungen der WB sind für die Ausübung als Richtlinie genau zu beachten.
Der Inhaber des Startbuches erkennt die Wettkampfbestimmung und Anordnung der Sektion an.

Bestell-Nr. DTSB 12/8b – VV Spremberg

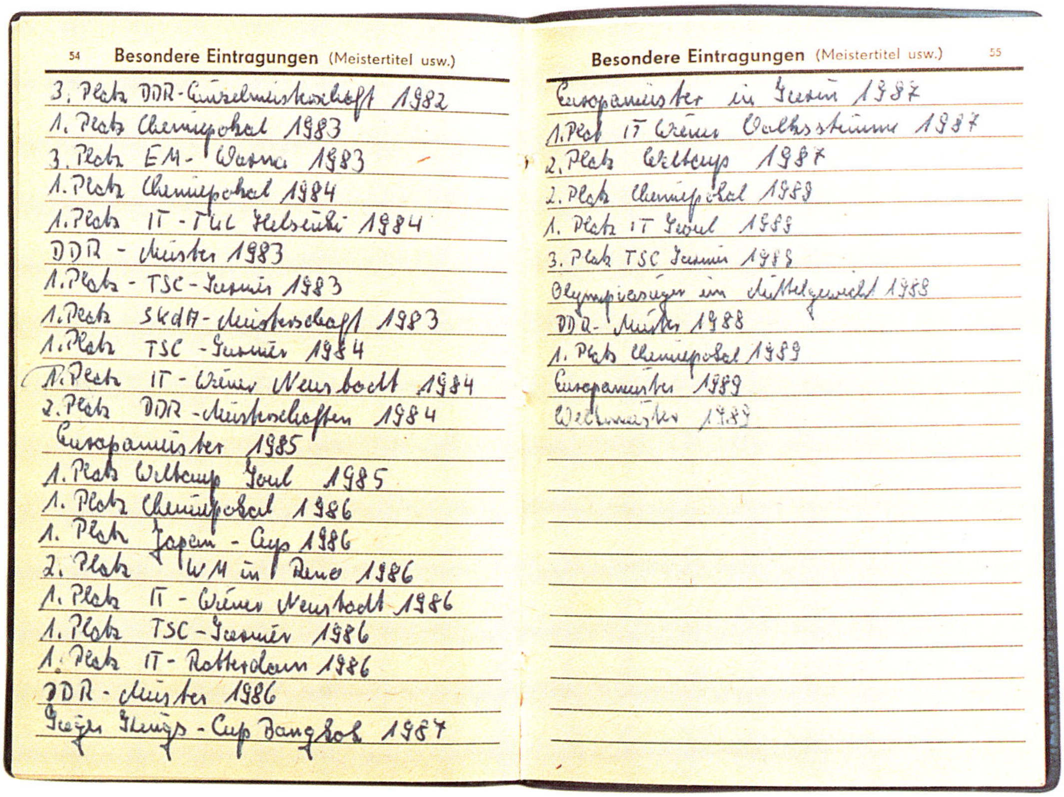

54 Besondere Eintragungen (Meistertitel usw.)

3. Platz DDR-Einzelmeisterschaft 1982
1. Platz Chemiepokal 1983
3. Platz EM-Varna 1983
1. Platz Chemiepokal 1984
1. Platz IT-TuL Helsinki 1984
DDR-Meister 1983
1. Platz - TSC-Turnier 1983
1. Platz SKDA-Meisterschaft 1983
1. Platz TSC-Turnier 1984
1. Platz IT-Wiener Neustadt 1984
2. Platz DDR-Meisterschaften 1984
Europameister 1985
1. Platz Weltcup Seoul 1985
1. Platz Chemiepokal 1986
1. Platz Japan-Cup 1986
2. Platz WM in Reno 1986
1. Platz IT-Wiener Neustadt 1986
1. Platz TSC-Turnier 1986
1. Platz IT-Rotterdam 1986
DDR-Meister 1986
Sieger Kings-Cup Bangkok 1987

Besondere Eintragungen (Meistertitel usw.) 55

Europameister in Turin 1987
1. Platz IT Wiener Waldsturm 1987
2. Platz Weltcup 1987
2. Platz Chemiepokal 1988
1. Platz IT Seoul 1988
3. Platz TSC Turnier 1988
Olympiasieger im Mittelgewicht 1988
DDR-Meister 1988
1. Platz Chemiepokal 1989
Europameister 1989
Weltmeister 1989

Der Fingerabdruck eines Boxers: das Startbuch. Henry Maske als schnell identifizierbarer Überzeugungstäter im Ring: Jede Menge »besondere Eintragungen« weisen eine erfolgreiche Amateurkarriere nach. Letzter Triumph: Weltmeister 1989.

Kampf nach eigenen Vorstellungen zu gestalten.« Das Profi-Boxen mit seinen 12-Runden-Kämpfen scheint Maske wie auf den Leib geschneidert. Während bei den Amateuren mit dem Boxpointer, der die Fehlbarkeit der Punktrichter ausmerzen sollte, ein hektisches Trefferhaschen mit – je nach dem Zwischenstand – häufig unattraktiver Schlußrunde (weil die Akteure mit diversen Zeichen von ihrer Klientel informiert werden) gang und gäbe ist, haben die Faustkämpfer bei den Berufsboxern Zeit, ihren gedanklichen Entwurf im Ring umzusetzen. Mit schwerem Säbel, wie die, die alles auf den harten Punch setzen, oder mit feiner Klinge, wie Henry Maske, der Boxen zwar als unerbittliches Duell begreift, das nur Sieg oder Niederlage kennt, aber dessen Fäuste immer kopfgesteuert sind.

Dritte Runde in Düsseldorf – als Amateur hätte Henry jetzt bereits alles gewonnen oder alles verloren. Hier hat es gerade begonnen. Ein langsames Tauziehen, bei dem der Frankfurter den Noch-Champion, der sich stemmt mit schwitzenden Muskeln, mit wütenden Schlägen, mit verzweifeltem Staunen, Stück um Stück, Millimeter um Millimeter, Zentimeter um Zentimeter wegzieht von dem Punkt, auf dem er sich vor Kampfbeginn mit demonstrativem Selbstbewußtsein präsentiert hatte: Schau her, ich bin der Weltmeister, ich werde es bleiben! Bis hierher bist du gekommen, aber kein Stück weiter.

Nach drei Runden darf Charles Prince Williams noch glauben und hoffen, sicher sein kann er sich längst nicht mehr. Henry Maske, den sie in den USA als »ewigen Amateur« belächelt haben, ist nach drei Jahren Berufsboxen professioneller als die meisten seiner »Arbeitskollegen«. Er hat nichts von dem vergessen, was er in zwanzig Jahren Boxen gelernt hat – bei Franke in Jüterbog, Hörnlein in Ludwigsfelde, Bleck, Beyer und Wolke in Frankfurt (Oder). Fast alles ist anders, »zwischen Amateuren und Profis liegen Welten«, weiß er. Was geblieben ist, ist die Bedingungslosigkeit, die Hingabe an das Ziel, die kein Wenn und Aber kennt. Dies hatte er lange verinnerlicht, bevor er im März 1990 den Vertrag bei Wilfried Sauerland unterschrieb und damit den Neuanfang mit unsicherem Ausgang wagte.

Leidenschaft, die zwar manchmal Leiden, aber meistens Erfolge schafft. Schon in Vorwendezeiten wurde Henry Maske dank dieser Gabe ein Faustkämpfer mit Superlativen: erfolgreichster deutscher Amateur aller Zeiten. Dreimal Europameister, Weltcup-Gewinner, Olympiasieger, schließlich der erste DDR-Weltmeister der Branche – mehr Edelmetall konnte in den drei Runden-Auftritten im Seilgeviert nicht geschürft werden. Maske fühlte sich bereits damals in seinem Verständnis als Profi im besten Sinne des Wortes: »Eine Profi ist für meine Begriffe einer, der weiß, was er tut, und der es gut tut.«

Schon 1983, gerade mal 19 Jahre alt, zuvor nicht sonderlich aufgefallen und bei keiner internationalen Meisterschaft der Junioren vertreten, weil er gegen nationale Kontrahenten die entscheidenden Qualifikationskämpfe verlor, tat er es »gut«. Beim Chemiepokal im März überraschte er alle, sich selbst eingeschlossen, als er den kubanischen Olympiasieger José Gomez im Viertelfinale bezwang und danach bis zum Finalsieg durchmarschierte. Das DDR-Fachblatt »Boxring« resümierte hocherfreut: »Der 19jährige Maske schaffte mit seinem einstimmigen Punktsieg gegen den Goldmedaillengewinner von Moskau 1980 und Belgrad 1978 (WM – d. A.) die Turniersensation. Mit der rechten Führungshand beherrschte er die Distanz, zeigte sich beweglich und hatte auch mit einigen Angriffen Er-

Oh, toller Schlagabtausch, das kennt man von Maske normalerweise nicht. Man hat Maske häufig schwache Leute vorgesetzt, oder Leute, die nicht gewinnen wollten, die ihn nur schlecht aussehen lassen wollten. Er hat darunter gelitten. Er hat mir erzählt, er wollte manchmal vor der Abwaage weggehen vor Wut, als er die Gegner gesehen hatte. Heute aber hat er einen Weltspitzenmann vor sich und ist ihm, bis jetzt mindestens, gewachsen. Ich will es nicht beschreien. Erstklassige Treffer. Natürlich mit hohem Risiko. Der Amerikaner drückt, der Ringrichter beruhigt. Ja, das kann natürlich zu einer Verletzung führen, wenn Charles Williams mit dem Kopf immer so tief runtergeht. Das wäre das schlimmste Ende für diesen Kampf, ein Abbruch wegen Verletzung. Eine glanzvolle Szene von Maske, und die Boxer standen so, daß Sie es genau sehen konnten, wie entschlossen er auf der Innenbahn durchgekommen ist. Jetzt allerdings … Oh, oh. Das lasse ich unkommentiert. Eine äußerst unsaubere Szene. Die Zuschauer sind empört.

XVI. Chemiepokalturnier im Boxen DDR – 4020 Halle 1987

Teilnehmer

IV-10-5 PzG 003/86 80

NAME: Maske

VORNAME: Henry

LAND: DDR

FUNKTION: Boxer

Funktion: Boxer.
Henry Maske »funktionierte« tadellos, gewann den Chemiepokal 1987.

Die DDR-Sportmaxime galt auch für Boxer Maske: Der Wert eines Athleten wird in Medaillien gemessen.

folg. Die Attacken von Gomez pendelte Maske geschickt aus und war eigentlich zu mitternächtlicher Stunde ungefährdet.«

Tauscht man die Namen aus, könnte diese Kampfbeschreibung auch ein Jahrzehnt später zu Papier gebracht worden sein, nur daß der reife Henry Maske da seinen Stil noch energischer, sicherer, überzeugender und perfekter – nun über 12 Runden – präsentierte. Seit September 1981 ging der Box-Geselle beim Meister Manfred Wolke in die Lehre, der die Faustkampf-Philosophie des »Treffens, ohne getroffen zu werden« auf seine Schützlinge übertrug. Maske hatte anfangs Probleme, mit den unnachgiebigen Forderungen Wolkes klarzukommen, fand nach einer Operation an der linken Schlaghand, die er als 17jähriger über sich ergehen lassen mußte, zudem nur schwer Anschluß an die kraftstrotzende Physis seiner meist ein, zwei Jahre älteren Kontrahenten. Der Coach, einer mit schlauer Listigkeit in der Verfolgung seiner Ziele, versuchte es mit der harten Tour. »Er hat mich so stark unter Druck gesetzt, daß ich nicht mehr wußte, ob ich Fisch oder Fleisch bin. Es gab eine knochenharte Auseinandersetzung. Die werde ich nie vergessen«, bekundet Maske. »Sie war der Knackpunkt zwischen ihm und mir. ›Bei dir schäme ich mich, in der Ecke zu stehen!‹, sagte er vor versammelter Mannschaft. Ich bin raus und habe überlegt: Wenn du jetzt mit dem Boxen aufhörst, wird dein Leben völlig anders sein. Dann klingelt morgens um sechs der Wecker, und abends um fünf fällt der Hammer.« Wolke mußte in den anderthalb Jahrzehnten danach, trotz manchen Maske-Tiefs, nie wieder zu derart drastischer Disziplinierung greifen. Die Lektion hatte gesessen und sich tief in die Seele eingebrannt.

Der Triumph gegen Gomez, den scheinbar Unbesiegbaren, trat bei Henry Maske eine Leistungsexplosion los, wirkte wie eine Initialzündung für einen, der noch auf der Suche nach sich selbst war – und plötzlich mit staunenden Augen sah, was in seinem Sport möglich wird, wenn man das Herz in beide Fäuste nimmt und dabei sein Hirn gebraucht. Im März sprach Auswahltrainer Günter Debert, nicht unbedingt ein Freund von Wolkes Boxschule, noch vorsichtig von einem möglichen »Lichtblick für die künftige Besetzung des Mittelgewichts in der Auswahl«. Im Mai startete Maske bereits als Debütant bei den Box-Europameisterschaften in Warna. Es wurde – mit kleinen Abstrichen – ein »er kam, sah und siegte«. Nach Punkterfolgen gegen Österreichs Meister Brandau und den erfahrenen, 30jährigen Bulgaren Angelow scheiterte er im Halbfinale zwar am späteren Champion Melnik (UdSSR) mit einem 1:4-Urteil – aber Bronze beim ersten internationalen Meisterschaftsstart dokumentierte den kräftigen Leistungssprung des mit lediglich 61 Amateurkämpfen angereisten Youngsters. Daß danach Erfolge beim Berliner TSC-Turnier und bei den Armee-Meisterschaften der sozialistischen Länder folgten, machte Henry Maske 1983 im DDR-Boxsport zum »Aufsteiger des Jahres«.

Alles tutti paletti, möchte man meinen, doch trotz der Premiere des Frankfurters als Landesmeister im Dezember in Gera war es mit den Streicheleinheiten erst mal vorbei. Die FDJ-Zeitung »Junge Welt« mäkelte und empfand es als bedrückend, »wie weit sich im Mittelgewicht der mit seinem mageren Sieg (gegen den Magdeburger Woge – d. A.) zum Erfolg des ASK beitragende Henry Maske von Olympiamaß-

stäben entfernt zeigte. Seine übertriebene Zurückhaltung dürfte nicht der Schlüssel zu internationalen Erfolgen auf Dauer sein.« Damit war ein Dauerthema geboren, das den Boxer Maske und seinen Trainer Manfred Wolke auf der einen und einen Teil der Sportjournalisten und des Publikums auf der anderen Seite im Dauerclinch sah. Unattraktives Defensivboxen, Taktiererei ohne Offensiv-Aktionen, unterkühlte Rechnerei auf dem »Punktzettel« im eigenen Kopf – Vorwürfe, die Henry Maske erst zunehmend erspart blieben, als sich seine Amateurkarriere unfreiwillig dem Ende zuneigte und die einmalige Erfolgsstatistik Kritik fast von selbst verbot. Die Praxis als Kriterium der Wahrheit. Und die Praxis war so, daß Maske sich fast immer die Gratulationen von denen abholen durfte, die die Nase über seine Art des Faustfechtens rümpften. Eine Art, die, so Henry Maske selbst, »allerdings die Bereitschaft verlangt, im Boxen mehr zu sehen als einen simplen Schlagabtausch«.

Im Ausland, so erinnert er sich an seine Amateurzeit, sei er mehr gefeiert und anerkannt worden als daheim. Bruno Schneider, Maskes früherer KJS-Direktor, Box-Fan und -Funktionär, berichtet von einem Seminar des DDR-Verbandes mit den Vorsitzenden der »Bezirks-Fachausschüsse« im Herbst 1985: »Wir standen in einer Pause auf dem Flur zusammen, als im Radio gemeldet wurde, daß Maske und sein ASK-Kollege Torsten Koch beim Weltcup in Seoul gewonnen hatten, der zur gleichen Zeit stattfand. Präsident Schwidtmann und Generalsekretär Schan reagierten spontan: Um Gottes willen, ausgerechnet die beiden, die nicht boxen können. Es gab kaum Widerspruch, die nicht sonderlich hohe Meinung über das boxerische Vermögen der Wolke-Schützlinge war fast einhellig.« Unstrittig war, daß sich der mit boxerischen Anlagen wie Willenskraft gleichermaßen ausgerüstete 75-Kilo-Athlet in seinem nüchternen Kalkül hin und wieder vergaloppierte, damit selbst blockierte, den Gegner stark machte und über unnötige Niederlagen quittieren mußte. »Es brauchte seine Zeit, bis das in seinem Kopf durch war«, berichtet Schneiders Nachfolger Dr. Rudi Ramm. »Henry hatte eine ausgeprägte Intelligenz, einen vor dem inneren Auge mitlaufenden Film seines Kampfes. An sich eine Stärke, doch konnte daraus manchmal ein Hemmnis werden. Er hat die Punkte mitgezählt, meinte, wenn er hinten lag, eben noch so und so oft treffen zu müssen – und das würde dann reichen. Stimmte meistens, aber eben nicht immer. Bei Auswertungen haben wir auf ihn eingeredet: Junge, zählen ist gut, aber was passiert, wenn die Punktrichter anders zählen als du?«

1984 wurde das Jahr, in dem sich Henry Maske am häufigsten verspekulierte. Weh tat dabei vor allem die 2:3-Nieder-

Lohn für olympische Taten: Hinter Erich Honecker Diskuswerfer Schult, dahinter Maske.

Auftrag erfüllt: fünfmal Gold, einmal Silber für die DDR bei den EM 1985 in Budapest. Trainer Neef, Dieter Berg, Henry Maske, Siegfried Mehnert, Torsten Koch (Silber), Michael Timm, René Breitbarth, Trainer Sdunek (v.l.n.r.)

Henry als DDR-Meister 1986: Der Gürtel ist kleiner als der des Profi-Weltmeisters, der Stolz darauf nicht.

Zwei boxen sich durch: Henry Maske vorm Haus von Trainer Dietrich Bleck mit dessen Sohn Thomas, der heute Fußball-Profi bei Hansa Rostock ist.

lage gegen den Polen Henryk Petrich, einem der Dauerkontrahenten in Maskes Karriere, beim Boxturnier »Amistad« (Freundschaft) im August in Havanna. Bei den Funktionären daheim war das wegen des Los-Angeles-Boykotts als Olympia-Ersatz veranstaltete Ereignis der hochgehandelte Jahreshöhepunkt schlechthin. Am Ende gab es elf kubanische Sieger, nur der Schweriner Weltergewichtler Torsten Schmitz brach in die Phalanx der schlagstarken Schützlinge von Trainer Alcides Sagarra ein. Maske, zuvor für DDR-Auswahlchef Debert eine »Bank«, durfte nach einem Freilos bereits nach seinem ersten Auftritt in der Arena del Coliseo die Boxhandschuhe wieder einpacken. Deberts Urteil fiel kurz aus: »Henry hat sein Können nicht selbstbewußt eingesetzt, nicht konsequent um den Sieg gekämpft.« Der Stachel der Enttäuschung über das eigene Versagen saß tief, und der Frust wurde durch die »Abrechner« im Verband und im DTSB noch verstärkt, die Maske ihren Ärger über die Nichterfüllung der »Aufgabenstellung« deutlich spüren ließen. Als er im Dezember schließlich auch noch im Finale der DDR-Meisterschaften gegen den Berliner Eike Walther nur zweiter Sieger blieb, gaben manche Experten, die es schon immer gewußt haben wollten, keinen Pfifferling mehr auf Maske.

Der aber war mit sich selbst in Klausur gegangen, hatte die verlorenen Fights im Geiste wieder und wieder durchgekaut, um sie so zu verdauen. Das kann doch nicht alles gewesen sein, sagte sich Maske und begann sich zu korrigieren, ohne sich grundsätzlich als Boxer zu verwandeln. »Agieren statt reagieren, da mußte ich wieder hin. Dem Gegner meinen Stil, meine Art der Auseinandersetzung aufzuzwingen, das ist doch meine Stärke.« Beim 85er Chemiepokal in Halle hatte er mit Julio Quintana wieder einen Kubaner vor den Fäusten, und im »Boxring« bekam man danach Ungewohntes zu lesen: »Am Ende wurde Maske für seine sehr konzentrierte und wirkungsvolle Kampfesführung begeistert gefeiert, ein in der DDR bisher einmaliges Publikumsvotum für die Leistung des Frankfurters.« Europas Bester bei den EM in Budapest im Mai, der Welt Bester beim Weltcup im November in Seoul, dazu die Rückeroberung des im Jahr zuvor verlorenen DDR-Meister-Titels – Maske billigte sich selbst zu, »daß ich mich auf dem richtigen Weg befinde«, daß ihm die vorausgegangenen »Nackenschläge geholfen haben, wegzukommen von der Defensivhaltung, hin zum kampfbestimmenden Stil«. Und er versprach den immer noch skeptischen Faustkampf-Fans: In Zukunft keine »Schlafrunden« und »Wackeldinger« mehr. Von seinen 19 Kämpfen des Jahres 1985 hatte Henry Maske 17 gewonnen, darunter alle von größerer Bedeutung – die Leistung wurde mit Anerkennung und Vertrauen bezahlt, der Frankfurter erstmals zum »DDR-Boxer des Jahres« gewählt. Und die »Junge Welt«, die zwei Jahre zuvor den Mittelgewichtler am liebsten zum »Versuch eines Boxers« erklärt hätte, zeigte sich nicht nachtragend und mäkelte nicht mehr. Bei den DDR-Meisterschaften im Dezember in Rostock verteilte das Blatt Lobeshymnen für den neuen Maske: »Den Könnern voran marschierte Weltranglisten-Erster Henry Maske, der in allen Kämpfen sein gewachsenes Vermögen zeigte. Als bester Boxer dieser Titelkämpfe deklassierte er seine Rivalen und zeigte, mit welcher Konsequenz heute ein Weltklasseathlet auftreten muß.«

1986 bestätigte Maske dieses Qualitätsetikett bei den Weltmeisterschaften im US-amerikanischen Reno, wo er bei einem Skandal-Championat mit unwürdiger Organisation, Fehlurteilen und Zuschauerverweigerung (insgesamt 10 000 bei 18 Veranstaltungen!) im Finale gegen den 21jährigen USA-Meister Darin Allen durch ein 1:4-Punkturteil unterlag. Eher eine vergebene Chance für den Deutschen, der wohl auch gegen den Heimvorteil des Kontrahenten boxte. Allen sollte später noch einmal den Weg des Frankfurters kreuzen. Als Sparringspartner des Profis Maske war der Amerikaner seinem WM-Finalpartner von 1986, der in allen Belangen deutlich zugelegt hatte, klar unterlegen. Reno sah den einzigen Kampf des Jahres, den Henry Maske verlor. Die übrigen 15mal verließ er als Sieger den Ring, wurde als Gewinner der Turniere von Halle, Chiba (Japan), Wien, Rotterdam und Berlin gefeiert.

Und er stockte kräftig weiter auf der Habenseite seines Sportlerlebens auf: Im Februar wurde er »Verdienter Meister des Sports« der DDR, am 14. Oktober heftete ihm Landesvater Erich Honecker den »Vaterländischen Verdienstorden in Gold« an das Revers der Uniform.

Die war als Lohn für Volltreffer zum Ruhme der sozialistischen Heimat inzwischen die eines Offiziers der Nationalen Volksarmee. Mit WM-Silber hatte sich der Frankfurter quasi auf eigene Faust zum Unterleutnant befördert. Zwei Jahre danach übersprang er mit dem Olympiasieg einen Dienstgrad – Gold war drei Sterne auf den Epauletten wert, alles unterhalb eines Armee-Oberleutnants hatte nun Männchen vor dem eher unmilitärischen Dienstsportler zu machen. Aber selten genug war Maske Uniform-, so gut wie nie Waffenträger. Selbst um die sechswöchige obligate Grundausbildung war er herumgekommen, weil da ein »Kampfauftrag« im Boxring Vorrang hatte. KJS-Direktor Rudi Ramm kann heute laut darüber lachen, wenn er an die Sportler in Steingrau denkt. »Appelle beim ASK hätte man filmen müssen, Schwejk wäre ein blasser Aufguß dagegen. Mit denen hätte man keine Schlacht gewinnen können. Natürlich nur militärisch gesehen.« Denn bei den Schlachten in den Arenen des Sports, da schlugen sie oft genug ganze Armeen von Gegnern aus dem Felde. Und empfingen Orden und Auszeichnungen der Landesväter. Die Oktober-Zeremonie 1986 war nur eine von mehreren Begegnungen Maskes mit Staats- und Parteichef Honecker, den der Frankfurter als SED-Mitglied seit Mai 1984 eigentlich mit »Genosse« und »Du« hätte ansprechen dürfen können. »Ich habe ihm ein paarmal die Hand geschüttelt«, erzählte der Boxer nach der Wende über seine Kurzaufenthalte unter den zumeist greisen Mitgliedern des »Rates der Götter«. »Ich habe kein Problem damit, und ich hatte auch nie das Gefühl, durch ihn irgendwie beeinträchtigt gewesen zu sein.«

1986 – rundum ein Erfolgsjahr für Henry Maske, das endet, wie es begann. Er schaffte es, als erster DDR-Faustkämpfer Weltranglisten-Erster in seiner Gewichtsklasse zu werden. Er wurde bei den Meisterschaften im Dezember in Schwerin – wie zwölf Monate zuvor – als bester Boxer des Turniers geehrt. Er wurde abermals »DDR-Boxer des Jahres«, ein Dacapo, was vor ihm auch noch keiner erreichte. Einer mit goldenen Händen, nein besser Fäusten, ein Erfolgs- und Tatmensch, der sich dennoch nicht begnügte.

Reno, sagte Maske, das war gut, aber nicht optimal. Er war unzufrieden. Grübelte, tüftelte, warum die Geraden, die Pendelbewegungen des Oberkörpers, die Rechts-links-Kombinationen im Ring manchmal nicht so kamen, wie er sie zuvor auf dem Reißbrett seiner Gedanken entworfen hatte. Wolke, der in dieser Zeit seinen Vorzeige-Schützling nur aus der Ferne sah, weil er – vom Oberstleutnant zum Major der NVA degradiert – statt Elite den Nachwuchs an der KJS betreuen mußte, ahnte, daß Henrys Medaillen die taktischen und technischen Probleme nur auf Zeit verdeckten. »Wie er 1986 geboxt hat, das war schlimm. Da stimmte zu vieles nicht.«

Erstaunlich, wie Maske die Defizite dennoch immer wieder kompensierte. Im Juni 1987 wurde der Kapitän der DDR-Mannschaft in Turin zum zweitenmal Europameister. Im Finale gegen Henryk Petrich, jenen Polen, der ihm im August 1984 in Kuba eine seiner schmerzlichsten Niederlagen beigefügt hatte, gelang ihm im vierten Aufeinandertreffen der dritte Sieg. Und als einzigem Boxer eine erfolgreiche Titelverteidigung. Die Experten waren angetan von der Art und Weise, wie der Frankfurter seine Kontrahenten ausboxte. Sie sozusagen wie mit dem Skalpell eines Chirurgen sezierte, ohne dabei Blut zu vergießen. Ein Credo, das er mitnahm in sein Profi-Dasein und das ihm ein Teil der Box-»Szene« bis heute so gern ausreden möchte. Der skeptische Auswahltrainer Debert attestierte Maske »Klasseleistungen«, die Boxsport-Journalisten klatschten mit der Auszeichnung als technisch bester Boxer des Turniers Beifall. Dennoch endete wenige Monate später die Zusammenarbeit mit Trainer Dietrich Bleck, der seit Mitte 1985 als »Auswechselspieler« für Manfred Wolke, der von der Klubführung wegen seiner Alkoholprobleme vorübergehend zur »Ernüchterung« auf die Strafbank geschickt worden war, eine glänzende Partie absolviert hatte.

Henry Maske weiß um Blecks Anteile an seiner sportlichen Bilanz, hatte aber das Gefühl, auf dem Weg zum Gipfel stehengeblieben zu sein, ihm nicht näher zu kommen. »Ich mußte etwas unternehmen mit Blick auf Olympia 1988. Und ich denke, als Sportler kann man ruhig mal aufmucken, wenn Leistung dahintersteht.« Maske – da kommt einem unwillkürlich die Szene aus der 10. KJS-Klasse mit Direktor Bruno Schneider in Erinnerung – ging zu seinem obersten NVA-Dienstherrn General Walter Herkner, erklärte ohne Angst und bestimmt: »Ich brauche Manfred Wolke als Trainer.« Der Box-Fan mit den geflochtenen Schulterstücken, schon bei Maskes Frankfurter Start (»Den muß du jetzt nehmen«, hatte er nach dem Spartakiadesieg des Ludwigsfelders ASK-Cheftrainer Heine nahegelegt) dessen Protegé, gab nach und gegen den Willen der Führung des DDR-Boxverbandes Befehle: Wolke wieder zu den Spitzenleuten, Bleck als Chef zum Nachwuchs. Für Dietrich Bleck war das keine ganz schmerzfreie Erfahrung. »Weltcupsieger, Vizeweltmeister, Europameister – es hatte schon was Kurioses, daß der Trainer, der mit Henry als einziger die sportlichen Leistungsvorgaben erfüllt hatte, auf einen anderen Posten versetzt wurde.« Bleck ist fair genug, trotzdem nicht nachzukarten. »Manne ist ein erstklassiger Mann, und es hat sich im Rückblick als richtig erwiesen, daß er Henry wieder betreute. Ich habe keine Probleme damit, das einzugestehen.« Die Psyche des Athleten spielte im Trainer-Rollentausch eine entscheidende Rolle.

»Zwischenolympische« Schiffsreise der Box-Auswahl 1986. Auch an Bord wird natürlich trainiert: Schatten-Boxer Henry Maske (rechts oben), den es auch immer wieder ans Meer zieht …

Urlaub mit dem Schweriner Michael Timm (rechts) in Rumänien 1985: »Belobigung für die EM-Titel von Budapest«.

Standbi
riere: W
Allen (U
Länderl
Sven O
von Die
zurück
Der Hö
in Seoul

r bewegten Kar-
ter hinter Darin
6 (oben links),
ger 1987 gegen
, Trainerwechsel
ck (unten rechts)
ed Wolke (Mitte).
Olympiasieg 1988
echts).

Henry Maske gewann das Gefühl, aus der Starre, gut zu sein, aber nicht besser werden zu können, erlöst zu sein. Sich mit Wolke wieder zu bewegen. Sich produktiv aneinander reiben zu können. Reibung erzeugt Leistung.

»Mit Wolke begannen wir einen Neuanfang, bauten die Verteidigung ordentlich auf, ich gewann wieder an Selbstvertrauen.« Beim Berliner TSC-Turnier im Herbst 1987 war der ASK-Mann so »hungrig«, daß er den keineswegs hasenfüßigen (West-)Berliner Sven Ottke schon vor dem Endkampf in Ehrfurcht fast erstarren ließ. »Der reißt mich auseinander. Maske ist viel zu schnell für mich. Werfen Sie das Handtuch, bevor ich k. o. gehe«, förderte Ottke seinen Trainer Gerhard »Bubi« Dieter auf. Den Knockout hob sich Maske damals noch zwei Monate auf. Beim Länderkampf zwischen der DDR und der BRD am 20. November in Rostock, den die Gastgeber mit 20:4 Punkten für sich entschieden, schickte der Frankfurter den Noch-Nicht-Landsmann mit einer kurzen Rechten zur Leber Mitte der ersten Runde über die Zeit zu Boden – für den nicht eben als harten Puncher geltenden Maske ein angenehmes Ausnahmeerlebnis.

Zum für 1989 vereinbarten Rückkampf zwischen den beiden Nationalstaffeln kam es im übrigen nicht mehr, weil sich der Drei-Buchstaben-Staat im Osten einstweilen eilends auf den Weg aus der politischen Geographie gemacht hatte – wo er dann schließlich am 3. Oktober 1990 als »Republikflüchtiger« beim bis zum Wende-Herbst 1989 als kapitalistischen Erzfeind verschrienen West-Nachbarn ankam. Für Henry Maske aber hatte sich die Welt schon Monate vorher gedreht. Zwei Tage nach dem »Tag der Deutschen Einheit« gewann er bereits seinen vierten Profikampf, und längst war alles ganz anders als in jenem Jahr 1987, da er mit seinem Knockout gegen Ottke brav den »Klassenauftrag« erfüllt hatte. Damals lagen noch Maskes größte Amateurerfolge vor ihm, aber auch ein personifizierter Alptraum: Angel Espinosa. Dreimal zwischen Oktober 1987 und Juli 1988 stand Henry ihm im Ring gegenüber, dreimal war er – auch mit Wolke in der Ecke – chancenlos. Bei Olympia 1988 in Seoul fehlte Espinosa, weil die Kubaner die Spiele boykottierten. »Er war der einzige, der mich hätte schlagen können«, ist sich Maske sicher, gibt zu, irgendwo ein Sportler zu sein, »der sich bei einem Sieg nicht ganz wohl fühlt, wenn der stärkste Kontrahent gefehlt hat«. Ob Espinosa auch ein viertes Mal gewonnen hätte, wird Spekulation bleiben. Das olympische Turnier jedenfalls erlebte einen Henry Maske auf der Höhe seines Könnens, selbstbewußt und seiner Mittel sicher. Ein gutes halbes Jahr später wurde er in Athen auch Europameister, schaltete dabei im Halbfinale den Russen Andrej Kurnjawka mit 5:0 aus. Derselbe Kurnjawka ließ schließlich im Spätherbst 1989 im Mittelgewichts-Endkampf der Moskauer WM dem als unschlagbar gerühmten Angel Espinosa nicht die Spur einer Chance. Henry Maske war da, bei seiner letzten Meisterschaft als Amateur, eine Klasse höher zu den Halbschweren geklettert – und gewann als erster und letzter DDR-Boxer einen Weltmeistertitel. Vier Monate nach dem EM-Triumph im angestammten 75-Kilo-Limit ein Kunststück, das die Exekutive der AIBA, des Amateurbox-Weltverbandes, einmütig mit dem Russell-Cup für den besten Boxer der WM honorierte. Und auch die Kubaner konnten Henry Maske nicht mehr aufhalten: der zweifache Weltmeister Pablo

4. Runde
Niederlagen tun weh – und heilen

Als Henry Maske noch ein heranwachsender Jüngling von eher schmächtiger Gestalt war, da fiel er im Boxring beim Training und bei den Wettkämpfen mehr durch seine scheinbare körperliche Zerbrechlichkeit denn mit sportlichen Großtaten auf. »Was willste denn mit diesem Dürren«, spotteten die Kollegen, wenn Dietrich Bleck oder später Manfred Wolke mit dem lang aufgeschossenen Schlaks antraten. Andere protzten mit ihrer Robustheit, demonstrierten erstaunliche Muskelberge und schiere Kraft, die aus dem Wege zu räumen versprach, was sich in den Weg stellte. Doch dieses Versprechen war schwer einzuhalten, wenn man auf einen wie Henry Maske traf. Denn dessen porzellanene Fragilität täuschte, verwandelte sich im Ring in

»Nicht klammern«, höre ich aus der Ecke. In der Halbdistanz geht er das Risiko ein, sich diesen Haken einzufangen. Distanzboxen!

Was mag er sich vor dem Kampf gedacht haben? Nach Jahren konzentrierten Trainings. Gott sei Dank konnte er hier eine Meidbewegung anbringen. Sehr schön, rechts links, rechts links, aber jetzt ein harter Treffer von Williams.

Wie ist es um die Luft von Williams bestellt, wenn die Rundendistanz länger wird? Er hat Gewichtssorgen gehabt, er hat abgekocht.

Vorbildlich die Kampfleitung des amerikanischen Ringrichters. Bis jetzt.

Eine für Sie sehr informative Kameraeinstellung, sie beobachtet die Beinarbeit.

Die letzte Minute in der 4. Runde. Auch diese Rechte fand nicht ihr Ziel.

energische Zähigkeit, in Widerstand und Aufbegehren. In Behauptungswillen, der dem oftmals baß erstaunten Kontrahenten mehr zusetzte, als die Treffer durch Henrys Fäuste. Da entschied sich der Kampf, da neigte sich die Waage, da siegte der Kopf über die körperliche Wucht. Manchmal erst mit verzögerter Wirkung, nach schmerzlichen Niederlagen für den jungen Maske. Der speicherte das Erlebte in seinem Gedächtnis, legte sich ein geistiges Archiv seiner Kämpfe an, um bei der nächsten Gelegenheit gegen denselben Gegner das Drei-Runden-Drehbuch nach eigenem Gusto umzuschreiben.

Selten hat er zweimal hintereinander gegen einen Kontrahenten verloren – nur der Kubaner Angel Espinosa schaffte das und gewann sogar den dritten Vergleich in Folge im »Head-to-head«-Duell mit Maske. Die einzige Ausnahme in zwei Jahrzehnten Faustkämpfer-Dasein, bei der der erfolgreichste deutsche Amateur nicht die probaten Antworten auf die Prüfung durch eine Niederlage fand. In allen anderen Fällen wartete der brave Soldat (und spätere Offizier) Henry Maske nicht auf Befehle von oben, sondern erteilte sich selbst die passende Order zur Kurskorrektur. Gespeist von einer Melange aus Frust und Lust, Ärger über sich selbst und Ehrgeiz: »Das passiert dir nicht noch einmal.«

Im Trainingscamp in der Jugendzeit, erinnert er sich, da sei einer gewesen, bärenstark und von sich überzeugt, »der hat uns alle in den Schatten gestellt, der hat über uns gelacht«. Einer, der sich so gut wie perfekt wähnte. »Der hatte nur ein Problem: Der hat nie gelernt zu lernen.« Henry Maske gibt zu, daß es Phasen gab, wo auch ihm das schwerfiel. Daß er da ab und an verlor, sieht er im Rückblick fast als Glücksfall an. Besser damals als später! Galt es im Ring, ging es um Titel und Medaillen, war der Frankfurter die personifizierte Zuverlässigkeit. Vom 84er Olympia-Ersatz in Havanna abgesehen, gab es seit den Europameisterschaften 1983 in Warna, dem internationalen Debüt des 19jährigen, kein Championat, von dem er nicht dekoriert zurückgekehrt wäre. Der Junge aus dem Camp dagegen träumt heute wahrscheinlich davon, was aus ihm hätte werden können. Wenn, ja, wenn ...

Erstaunlich bleibt es allemal, daß der Teenager von der Oder bereits früh jene nicht unbedingt altersübliche Charakterreife besaß, für sich alle Eventualitäten eines »Was wäre, wenn ...« ausschließen zu wollen. »Von Anbeginn meiner Laufbahn war ich ein schlechter Verlierer. Ich wollte immer der Beste sein, und oftmals kam es mir in den Sinn, ich müßte morgens beim Aufwachen sofort daran denken, daß mich gestern jemand schlug, bloß, weil ich zuwenig gearbeitet hatte. Ich kann mich im Wettkampf nur wohl fühlen, wenn ich dafür im Training genug getan habe.« Das hat er sich früh zur Maxime gemacht, und nie als Grundsatz losgelassen.

»Henry«, sagt Box-Kollege und Freund Andreas Otto, »hätte gegen die eigene Natur handeln müssen, wenn er es anders gemacht hätte«. Bei ihm ist das ewige Dilemma menschlicher Unfertigkeit, der schleichenden Sucht zur bequemen Faulheit nachzugeben, den weniger anstrengenden Flach-Pfad dem steilen Anstieg vorzuziehen, besessener Zielstrebigkeit unterlegen. »Der hat im Training immer 110 Prozent oder mehr gemacht, das war für die anderen manchmal ganz schön belastend. Henry, der erschien einem oft wie ein Hinweis auf eigene Schwächen und Nachlässigkeiten. Wenn er verlor, was ihn einigermaßen mitnahm, ohne daß er es spüren ließ, dann wollte er wenigstens mit der Überzeugung unterliegen, daß der Kontrahent besser war.« Der Geist der Champions.

Muhammad Ali, für den Profi Henry Maske der »Größte«, wußte, daß ein Boxer-Leben nicht nur aus Siegen besteht, und konnte damit umgehen. »Wenn ich einen Kampf abschließe, akzeptiere ich auch die Konsequenzen. Ich tue alles, um den Kampf für mich zu entscheiden, aber wenn ich besiegt werde, muß ich wieder aufstehen und erneut in den Ring steigen, auch wenn die Niederlage noch so demütigend ist.« Maske übersetzt das auf seine Art: »Der Sieg beginnt im Kopf.« Und ein verlorener Kampf kann sehr wohl dazugehören. »Das ist keine Niederlage, sondern ein Ergebnis«, relativiert der Faustkämpfer im Vollbesitz seiner geistigen Kräfte seinen Beruf. »Eine Niederlage wäre es, wenn ich mich nach einem verlorenen Kampf aufhängen würde.« 18 seiner 181 Amateurkämpfe hat Henry Maske nicht als Sieger beendet, statistisch also jeden zehnten. Statistik, die, so simpel übertragen, den Blick auf sein Boxer-Leben verzerrt. Denn Maskes Karriere – im Ausschnitt schon mal fieberkurvig, in der Gesamtschau aber stetig kletternd – gleicht einem Steigerungslauf mit ständig beschleunigender Schrittfrequenz. Einem Ziel-Spiel mit permanent sinkender Fehlerquote. Im Februar 1985 hat er bei einem Vorrundenkampf der DDR-Mannschaftsmeisterschaft letztmals gegen einen Deutschen, den Hallenser Maik Koudele, verloren. Ein Jahrzehnt ist er seitdem der Herr im eigenen Hause – in Maskes immer länger werdenden Schatten frieren seit der Wende und dem Wechsel des Frankfurters ins Profilager auch die besten Preisboxer aus dem Westen des Vaterlandes. Selbst bei noch ausstehenden Duellen mit Graciano Rocchigiani oder Dariusz Michalczewski, dem Weltmeister des allerdings eher geringgeschätzten Profiboxverbandes WBO, wagt längst keiner mehr die Ausnahmestellung Henry Maskes anzuzweifeln. Der wurde bereits 1990, in seinem ersten Berufsjahr, deutscher

Manchmal habe ich das Gefühl, daß Maske ein klein wenig offen ist. Er läßt die Fäuste tief hängen, wahrscheinlich, weil er Schlagwirkung erzielen will. Er schlägt nicht vom Kinn weg. Sehen Sie, die Linke baumelt ein wenig tief, aber er glaubt, sein Auge ist so gut, daß er sich das leisten kann. Ich möchte da warnen, aber von außen ist das alles immer sehr leicht zu sehen und zu beurteilen.

Noch zehn Sekunden in dieser Runde, und nach wie vor zeichnet sich keinerlei Punkteüberlegenheit ab.

Angel Espinosa, der kubanische Alptraum für Henry Maske. Dreimal trat der Frankfurter 1987 und 1988 gegen ihn an, dreimal verlor er.

Januar 1987: Henry Maske mit seinem knapp dreijährigen Sohn Steven. (Seite 45)

Dolly Buster, Pornofilm-Star:
Seit Henry Maske da ist, wirkt Boxen nicht mehr wie eine Unterabteilung vom Schlachthof. Maske hat eine harte Schale, einen romantischen Kern und Grips – das haut eine Frau einfach um.

»Profiboxer des Jahres« – und demonstrierte seither in 26 Kämpfen mit 26 Siegen die Berechtigung dieser Wahl.

Der Champion ist überzeugt, daß seine Siege nicht erst mit dem Auftritt im Ring beginnen. »Ich setze mich in der Vorbereitung ständig mit meinem Gegner auseinander. Ich versuche, auf alle Fragen eine Antwort zu finden. Das wichtigste, um einen Kampf zu gewinnen, ist die Zeit davor.« Maske will im Ring nicht erschrecken über das, was plötzlich auf ihn zukommt. Er mag es lieber andersherum: »Das Ärgste erwarten und hinterher feststellen, es ist ja gar nicht so schlimm.« Verdrängung löst die Probleme nicht, sondern potenziert sie. Der Profi Maske ist einer, der sich tage- und wochenlang mit seinem Gegner beschäftigt. Er geht mit ihm schlafen, er steht mit ihm auf, er sparrt mit ihm beim Training, er studiert ihn, er lebt mit ihm. Das kommt dem Mann entgegen, läßt ihn sozusagen mit Punktvorsprung in die 12-Runden-Tortur einsteigen. Als Amateur hat er diese Zeit nicht gehabt, außerhalb des Ringes nicht, und in der Dreimal-drei-Minuten-Hatz des Kampfes erst recht nicht. Vielleicht hat er deshalb einige seiner Faust-Duelle verloren – die Geschichte war schon vorbei und zu Ende, ehe Maske den »Lernstoff« beherrschte.

Es gab Niederlagen, die taten ihm besonders weh. Die gegen den Polen Petrich etwa beim 84er Turnier der Freundschaft auf Kuba, die gegen TSC-Mann Eike Walther im Finale der DDR-Meisterschaften im gleichen Jahr, die gegen »Alptraum« Angel Espinosa 1987 und 1988. Das 2:3 gegen Petrich vor den Augen von Box-Fan Fidel Castro verdarb Maske nicht nur die Ersatz-Befriedigung, gar nicht so weit von Los Angeles wenigstens Ersatz-Olympiasieger zu werden, sondern auch die Gönnerschaft einiger Medaillenrechner und Erfolgs-Buchhalter in der DDR-Sportführung. »Wenn die Erfolgreichen begrüßt worden sind und man ihnen gratuliert hat, kommt der Rest der Mannschaft so als Rattenschwanz hinterher. Da fühlt man sich dann, auf gut deutsch gesagt, als Arschloch der Nation. Ich war für einige so etwas wie die größte Null des DDR-Sports, und so wurde ich auch behandelt«, beschreibt Maske sein damaliges erschüttertes Seelenleben, das er noch einige Zeit mit durch den Ring schleppte.

Angezählt, mit hängender Deckung, zaghafter Gegenwehr – Maske mußte sich wiederfinden. Für einen 20jährigen an sich nichts Unnormales, aber der Sport vergibt nun mal keinen Bonus. Fürs Alter nicht, für die unerfahrene Jugend nicht. »Im Boxen gewinnst du oder verlierst du, dazwischen ist nichts«, lautete die Lektion, die Henry Maske, 1983 noch als die »Entdeckung des Jahres« gefeiert, danach lernen mußte. So schmerzhaft, daß er sich in Kuba zwei Tage von der Außenwelt abriegelte, weil niemand seine Tränen der Wut und Enttäuschung sehen sollte.

Trainer Manfred Wolke schob den Schützling, energisch stoßend und behutsam führend zugleich, wieder aufs richtige Gleis. »Niederlagen tun weh, aber sie können auch heilen«, sagt er. »Das entscheidende ist, was man aus ihnen macht. Meistens helfen sie sogar. So war es bei mir. Ich wußte dann, da mußte du jetzt ran. Den Fehler darfst du nicht wieder machen. Es gibt Niederlagen, die können zerschmetternd, karrierebeendend sein. Doch wenn es soweit kommt, dann haben Boxer und Trainer schon vorher sehr viel falsch gemacht.«

Zerschmettert war Maske nach der Kuba-Pleite nicht, da war Wolke vor!

Aber die Psyche wieder auf die Beine zu bringen, die Blockade der Fäuste durch den Kopf, den Zweifel an sich selbst, aufzuheben, das nahm Henry Maske mit ins nächste Jahr. Als er im Dezember 1984 in Berlin seinen DDR-Meister-Titel an den TSC-Boxer Eike Walther verlor, da hieß es in der Presse mokant: »Für den Berliner ein schöner Erfolg, für Henry Maske wohl aber doch Anstoß, seine auf Konter aufgebaute Taktik zu überdenken. Um erfolgreich zu sein, ist einfach mehr Aktivität erforderlich.« Walther gewann klar, und gab danach sein Siegrezept weiter. »Ich bin mit dem festen Vorsatz in den Ring gegangen, mich nicht zu verstecken und von Beginn an durch Angriffsdruck um den Sieg zu kämpfen. Zwei Runden konnte ich ihn so beschäftigen und in die Defensive drängen. Das brachte mir den Erfolg.«

Die einfache, schwere Wahrheit. Denn auch Walther weiß, daß seine Stärke zum Gutteil aus der Schwäche des Kontrahenten wuchs. »Henry hatte boxerisch alle Möglichkeiten, setzte sie aber nicht immer um. Eigentlich hat er seinen Stil von damals bis heute beibehalten: sehr rationell, taktisch nahe an der Perfektion, den Gegner ständig bedrohend. Seine Größe und die Rechtsauslage machten jedem Kontrahenten zu schaffen. Es war stets die gleiche Manöverhandlung bei ihm: ein bißchen drücken, dem anderen mit der langen Führhand vor dem Gesicht herumfummeln. Gewinnen konnte man gegen ihn eigentlich nur, wenn man selbst einen ausgesprochen guten, er dagegen einen schlechten Tag erwischt hatte.«

Walther, schon 1987 aus dem Boxsport ausgestiegen, »weil ich das nie als einziges Ziel für mich sah«, hat auch heute eine Empfehlung, wie der als Profi-Champion weiter erstarkte Henry Maske bezwungen werden könnte. »Im ersten Angriff zu Kopf oder Körper darf man gegen ihn nur möglichst wenig Energie verbrauchen. Folgt sofort ein zweiter mit voller Power, dann ist er mitunter hilflos – auch heute noch, daran hat sich nichts geändert. Aber um das durchzuziehen, braucht man fast übermenschliche Kondition. Man muß ihn überrennen, ihn ›auffressen‹.« Nur ist weit und breit niemand zu sehen, der einen Brocken wie Maske ohne erhebliche Magenprobleme verdauen könnte. Bei den Profis, denen in aller Regel die selbstquälerische Konsequenz des Frankfurters abgeht, noch weniger als bei den Amateuren.

Da immerhin gab es mal einen, an dem Henry Maske, der Eiserne, Unbeugsame, fast zu zerbrechen drohte. Der knapp drei Jahre jüngere Kubaner Angel Espinosa, 1986 in Reno

Der Hallenser René Suetovius darf sich rühmen, Henry Maske einmal bezwungen zu haben.

durch einen Finalsieg über den Geraer Enrico Richter Weltmeister im Halbmittelgewicht geworden, hatte trotz des Sprungs in die nächsthöhere Kategorie nichts an Klasse eingebüßt. Beim Weltcup im Oktober 1987 in Belgrad wies er Maske, der nach einem schweren rechten Cross Mühe hatte, den ersten Knockout seiner Laufbahn zu vermeiden, den Statisten-Part zu. »Espinosa bestätigte seinen Ruf als gegenwärtig bester Boxer der Welt, und Henry Maske wird es künftig auch bei besserer Einstellung auf diesen Kontrahenten und weiterem Klassezuwachs sehr schwer haben gegen diesen Ausnahmeboxer«, kommentierte das DDR-Verbandsblatt die im Richterurteil – 60:55, 60:53, 60:55, 60:56 und 60:56 – dokumentierte ungleiche Rollenverteilung. »Mich traf damals beinahe der moralische K. o.«, berichtet Maske über seine unheimliche Begegnung mit einem Boxer der besonderen Art. »Bis dato glaubte ich, die Nummer eins im Mittelgewicht zu sein. Doch der Kubaner führte mich im Ring vor wie einen kleinen Jungen.«

Espinosa, ein Geist-Boxer wie der Deutsche, wiederholte seine Demonstrationen am lebenden Objekt, das Henry Maske hieß, beim Hallenser Chemiepokal im März 1988 und beim Berliner TSC-Turnier im Juli. »Mögliche Zweifel wird es jetzt nicht mehr geben. An diesem Angel Espinosa kommt Henry Maske nicht vorbei, es sei denn, einer der beiden wechselt die Gewichtsklasse«, war sich »Boxring« sicher. »Der Frankfurter konnte in der Vergangenheit mit den ihm eigenen Möglichkeiten manchen guten Mann schlecht aussehen lassen. Nun degradiert Espinosa ihn selbst beinahe zum Anfänger. Gegen ihn zu verlieren ist beileibe keine Schande.«

Beim letzten Aufeinandertreffen der beiden im Juli 1988 durfte vorsichtig registriert werden, daß Maske »einige Male mit Rechts-links-Kombinationen traf und zeigte, daß er durchaus gegen diesen Ausnahmeboxer nicht chancenlos ist«. Wolke lobte seinen Schützling für seinen »besten Kampf«, Auswahlchef Debert indes flippte aus, weil er Siegeswillen vermißte – und Überleben allein keine Goldmedaillen verhieß. Angel Espinosa spürte, daß sich Maske gegen Angst, Selbstaufgabe, Resignation auflehnte. Der Kubaner respektierte denn auch seinen Gegner als einen »intelligenten Athleten«, mit dem er sich durch eine sinnverwandte Box-Philosophie verbunden fühlte: »Da treffen zwei sportliche Kontrahenten aufeinander, die innerhalb der Regeln versuchen, ihren Kampfstil durchzusetzen. Dazu sind Kraft und Stärke nötig, aber mehr noch Überlegung. Boxen hat viel mit dem Kopf zu tun. Ich liebe das technisch saubere, überlegene Kämpfen mit den Fäusten, nicht das wilde Drauflosschlagen.«

Wenige Monate später, bei Olympia, fehlten die Kubaner, weil Castros Insel-Republik die Spiele in Seoul boykottierte. Das mögliche vierte Duell zwischen Henry Maske und Angel Espinosa fand nicht statt. Gekämpft indes hat der Wolke-Musterschüler noch oft gegen den Kubaner – nicht gegen den aus Fleisch und Blut, sondern gegen die unsichtbare Herausforderung. Im Sparring, beim Schattenboxen, bei der geistigen Vor- und Nachbereitung zig späterer Kämpfe. Und er hat dabei nie aufgehört zu lernen.

Eike Walther (rechts) wurde 1984 gegen Maske DDR-Meister. – Als Wolke »out« war, stand wieder Dietrich Bleck in der Ecke.

Kein Davonlaufen vor Problemen, sondern innere Sammlung.

Daß Henry Maske heute so stark ist, hat auch mit Angel Espinosa zu tun. Trotz, wegen der drei Niederlagen. Im Jahr nach dem »Jahr ohne die Kubaner« hatte Maske im WM-Finale wieder einen, der als nicht aufzuhaltende Kampfmaschine galt, vor seinen Fäusten. Der Frankfurter war einstweilen Halbschwergewichtler, Anfänger im 81-Kilo-Limit, und traf auf Pablo Romero, der in dieser Klasse schon zweimal Weltmeister geworden war. Alle Ringauftritte bis zum Finale hatte der Kubaner kurzrundig für sich entschieden. Gegen Maske erging es ihm wie jenem zuvor gegen Espinosa: Er wehrte sich nach Kräften, aber wurde klassisch vorgeführt. Was er da nicht wußte: Seine Niederlage gegen Henry Maske resultierte vor allem auch daraus, wie dieser mit seinen Niederlagen umging. Wie war das mit dem Jungen aus dem Trainingscamp? Der hatte nie gelernt zu lernen. Maske hat damit früh angefangen, und – was wichtiger ist – bis heute nicht aufgehört. Eine Niederlage sei Schmerz ohne Ende, wie eine Steinigung, wird Maske als Profi sagen. Mit der Erfahrung, daß mit einem verlorenen Kampf das erreichte oder verheißene Paradies verloren sein kann. Daß es nicht wie beim Tennis eine Woche später das nächste Turnier geben wird, wo die Hierarchie schon wieder geradegerückt werden kann. »Trotzdem, in den Keller würde ich nicht fallen, wenn es doch mal passiert«, ist er sich sicher. »Ich würde wiederkommen.«

Auch außerhalb des Boxrings hat sich Henry Maske auf diese Weise aus Niederlagen herausgezogen. Da er feste Bezugspunkte braucht, ein geordnetes Umfeld, in dem die Dinge an dem Platz sind, wo sie hingehören, war die frühe Bindung an seine spätere erste Ehefrau Anke irgendwie folgerichtig. »Wer im Leben A sagt, muß auch B sagen« – die im Elternhaus quasi schon mit der Muttermilch aufgesogene Marschorder war eine Maxime für alle Fälle. Da hatte alles eine gewisse Endgültigkeit, die Sicherheit gab, behütete, schützte. Ein Refugium, das den Aufbruch ins Risiko des Hochleistungssports, ins Sein oder Nichtsein einer ausschließlich an Erfolgskoordinaten fixierten Welt neben der wirklichen Welt erlaubte, weil die Rückkehr garantiert schien. Als 19jähriger heiratete Henry, man wohnte bereits einige Zeit zusammen. Als 20jähriger wurde er Vater, Sohn Steven – geboren am 20. März, jenem Tag, an dem Henry Maske 1993 in der Düsseldorfer Philipshalle Profi-Weltmeister wurde – ist heute 11 Jahre alt, lebt bei seiner Mutter in Leipzig. Einer, der in familiärer Nestwärme aufgewachsen ist, muß diese Trennung als Schmerz, als Niederlage für sich selbst empfinden. 1989 wurde die Ehe geschieden, der Vollzug einer länger andauernden inneren Entfernung, die in amtlichen Protokollen von Partnerschafts-Auflösungen so trivial mit »die Parteien haben sich auseinandergelebt« umschrieben wird. »Ich war 25, anfangs kopflos und leer. Habe eine Nacht lang getrunken und dann versucht, das alles zu vergessen.« Sein Sohn besucht ihn heute manchmal in Frankfurt. Er will, wen wundert's, Boxer werden. Henry, der Vater, sieht es mit Skepsis. Vielleicht weiß er zuviel von der einfachen, harten Wahrheit des Faustkampfes. Daß nur einer ankommt, der einstecken und austeilen kann. Vielleicht will er seinem Sohn das Einstecken und Austeilen ersparen. Vielleicht hat er einfach nur Angst, daß seine eigene Fähigkeit, an Niederlagen nicht zu zerbrechen, sondern zu wachsen, nicht zu Stevens Erbanlagen gehört. Vielleicht, und das wäre einem Vater nicht zu verdenken, will er ihn vor Niederlagen schützen.

Der Hallenser Maik Koudele (links) bezwang im Februar 1985 als letzter Deutscher Henry Maske.

5. Runde
Die Wende: Ende und Anfang

Als Henry Maske am 1. Oktober 1989 in Moskau Weltmeister im Halbschwergewicht wurde, da ahnte er nicht, daß das sein letzter großer Erfolg als Amateur werden würde. Da war sein Leben noch ein minutiös eingehaltener Fahrplan, und daß der Zug, in dem er mit 17 Millionen Landsleuten saß, nur eine Woche später aus dem Gleis geworfen werden könnte, war ein schlichtweg undenkbarer Gedanke. Doch statt Jubelgesänge zum 40. Jahrestag des Arbeiter-und-Bauern-Staates skandierten die still Gehorsamen auf den Straßen plötzlich, staunend erschrocken angesichts der eigenen Kraft, »Wir sind das Volk!« Der »Eiserne Vorhang« schmolz im Tiegel der Emotionen, nur einen Monat länger noch stand die verhaßte Mauer mitten in Berlin, die zum tragischen Symbol des Nachkriegs in Europa und deutscher Teilung geworden war. »Es wird nichts mehr sein, wie es war«, mutmaßte Manfred Wolke. Die Wende – unter diesem simpel-bedeutungsschwangerem Begriff firmierten von nun an die 89er Oktobertage.

Und im Frankfurter Armeesportklub wurde die Wagenburg gegenüber den Abtrünnigen, den »Verrätern«, dichtgemacht. »In der Sportleitung wird noch viel zuviel in den alten Strukturen gedacht«, beklagte Manfred Wolke, sprach von »Schwierigkeiten, die ich niemandem erzählen kann« und bilanzierte boxtypische Erfahrungen: »Weil wir die ersten sind, die Profis werden wollen, müssen wir die ganzen Prügel einstecken.« Warum wurde einer wie Maske Berufssportler? »Eigentlich habe ich nur meinen Sport. Er ist das einzige, was ich hundertprozentig gelernt habe«, begründete der einst hofierte Vorzeigeathlet seinen Weg mit entwaffnender Logik.

Da in der DDR keine Berufsboxer-Vereinigung existierte, hatte die Absicht von Maske und Wolke Konsequenzen. Weil, so ließ der Arbeitsausschuß des DDR-Verbandes am 19. Januar 1990 im Kommuniqué seiner Tagung mitteilen, »der Übertritt ins Profilager einen Verstoß gegen das Statut des DBV der DDR darstellt und den Ausschluß aus dem Verband nach sich zieht«. Henry empfand das Sperrfeuer des DBV als »unfair, weil ich und mein Trainer Manfred Wolke alles in unserem Leben für das Boxen gegeben haben. Von unseren Erfolgen haben auch andere gelebt, und das sehr gut.« Beschämend und beleidigend sei es, machte er im »Deutschen Sportecho« seinem Ärger Luft, daß »wir von allen Seiten in den Dreck gezogen werden«. Dabei habe sich an ihm »ein ganzer Wasserkessel gesundgestoßen«.

Die in der Zeitung wiedergegebene Meinung eines Boxfans aus Magdeburg blieb damals die Ausnahme: »Du bist ein normaler Mensch und hast dich dafür entschieden. Ist doch Quatsch, wenn dich jetzt andere ablehnen dafür.«

In der Tat hatte sich Henry Maske entschieden, in der Sache und schließlich auch für Personen. Nach Gesprächen und Verhandlungen mit einem halben Dutzend Box-Managern unterschrieben er und Wolke am 8. März im Berliner »Hotel Hamburg« einen Fünfjahresvertrag bei Wilfried Sauerland. Sieben Kameras und Dutzende Fotoapparate waren dabei, als sich die beiden aus »Fernost« in ein Abenteuer stürzten, das sie selbst als »gewagtes Unternehmen« bezeichneten. Die Rollen beim Neubeginn, der statt im DDR-Trainingsschick im tags zuvor vom Manager besorgten feinen Zwirn zelebriert wurde, waren klar verteilt. Henry Maske meditierte über die neue sportliche Herausforderung,

Vom »Beiprogramm« des Hauptkampfes (Seite 59) zum Namen auf dem Umschlag (unten) bis zum Titelbild (oben).

für die ihm Unternehmer Sauerland die Perspektive biete. Sauerland über die Fähigkeit seiner Neuerwerbung, in zwei Jahren um die Weltmeisterschaft boxen zu können, über die guten Reflexe des Herrn Maske und seine hervorstechende Eigenschaft, »vor allen Dingen wenig einzustecken«. Das Agreement zwischen Arbeitgeber und Arbeitnehmer: 100 000 Mark Jahressalär, davon je 3000 Mark Monatsgehalt, und der Rest über die zu erwartenden Kampfbörsen verrechnet. Wolke gar erledigte seinen Job zunächst als »Billigarbeiter« mit Spitzenniveau für 2750 Mark im Monat. Doch ums Geld, so bekunden die beiden »abhängig Beschäftigten« unisono, gehe es erst in zweiter Linie. »Zunächst muß erst einmal die Leistung stimmen, dann kommt das Geld von ganze alleine. Ich verschwinde ganz schnell in der Versenkung, wenn ich nicht genug leiste«, wußte Maske.

Der triumphale Erfolg der Folgejahre machte die Ausgangskonditionen spätestens ab 1993 zu Makulatur. Dank Sauerland stimmten alsbald nicht nur die finanziellen, sondern auch wieder die Trainingsbedingungen für die Wildost-Faustkämpfer, die seit August 1990 mit Schwergewichtler Axel Schulz zum Profi-Trio geworden waren. Weil sich der ASK geprellt fühlte, hatte der einstige Maske & Wolke-Klub seine Aushängeschilder ausgesperrt. Cheftrainer Hartmut Heyse erklärte nach dem Schulz-Wechsel »alle Absprachen für hinfällig« und »daß dem Profibereich Boxen nun keine Trainingsmöglichkeiten mehr im Objekt des ASK und der KJS zur Verfügung gestellt werden«. Das tat weh, »denn es ist ein Gefühl, als ob einer gegen deinen Willen an deiner Biographie radiert«, meinte Wolke. Die neue Heimat: Ein Camp auf dem Reichsbahngelände, in einer Baracke mitten in zerrütteter Industrielandschaft aus Lokschuppen, Ölgestank, baufälligen Hallen und rumpelnden Güterzügen. 65 Quadratmeter, die das Dreigestirn – My home is my castle – so sorgfältig malerte wie das eigene Wohnzimmer. 65 Quadratmeter, die sich alsbald vollsogen mit dem Schweiß der Athleten, mit der nervösen Energie des Coaches, mit herausgepreßten Schreien der Anstrengung. »Alles passiert hier in diesem Kabuff«, sagt Wolke und nimmt das verständnisinnige Nicken des Fragers nicht allzu ernst. Jeder Zentimeter in der Enge der Boxerschule ist intensiv erlebte Nachwendegeschichte, ist verwirklichte Hoffnung, geträumte Zukunft.

Maisbirne, Sandsack, Hanteln, der Ring – ihnen hat Maske gehört, bevor er seinen ersten Profi-Kampf bestritt. Ihnen gehörte er wieder und wieder, bis er am 20. März 1993 Weltmeister wurde. Ihnen wird er immer gehören, solange er den Titel verteidigt und die Herausforderung stets aufs neue im Ring sucht.

Am 31. März 1990 wurden Oberleutnant Henry Maske und Major Manfred Wolke aus dem Dienst der Nationalen Volksarmee entlassen, deren Chef – oh, welche Wende – bald darauf der Pfarrer Rainer Eppelmann werden sollte. Ab 1. April hatten sie einen neuen Vorgesetzten. Als Angestellte von Wilfried Sauerland, der sein Geld im Normalberuf mit dem Vertrieb von Getränkeabfüllanlagen verdient, hörten sie nun auf dessen Befehl.

Nur fünf Wochen begab sich Henry in die Warteschleife, dann feierte er in London seine Profi-Premiere. Was ihm in anderthalb Jahrzehnten so gut wie nie gelang, war am 9. Mai in der Wembley Hall kein Problem. Mit dem ersten ernsthaften Schlag des Frankfurters ging der Mexikaner Antonio »Teo« Arvizu zu Boden. 54 Sekunden bis zum Knockout – das hatte die weite Anreise kaum gelohnt. Der Südamerikaner, dessen letzter nachweisbarer Erfolg aus dem Jahre 1984 stammte, legte sich nach einem genauen Aufwärtshaken und einer harten Linken aufs rechte Auge in der Ringmitte auf dasselbe und ließ sich auszählen. Maske war mehr frustriert denn erfreut: »Das hatte ich mir anders vorgestellt. Der Treffer war zwar gut, aber etwas länger hätte der Kerl schon stehenbleiben können.«

Weitere sechs Kämpfe in Maskes erstem Jahr als Berufsfighter folgten – sechs Siege, bei denen er sich ausprobierte, von Wolke mitunter gebremst wurde, um über volle sechs oder acht Runden die Kondition zu testen. Obwohl seine Art zu kämpfen die Nörgler in der Profi-Szene, denen allein ein sogenannter Pitbull-Fight als akzeptabel gilt, nicht verstummen ließ, wurde Henry Maske schon 1990 »Berufsboxer des Jahres«. Markus Bott und Graciano Rocchigiani, beide alles andere denn Freunde des Frankfurters, leckten sich auf Rang zwei und drei die Wunden des damit angekratzten Selbstbewußtseins. 1991 folgten sechs, 1992 fünf Maske-Auftritte – allesamt von zwar unterschiedlicher, aber doch unbestrittener Souveränität. Nicht nur einmal wollte der Wolke-Schützling dabei schon beim Wiegen wieder kehrtmachen und die Koffer packen. »Mitunter war ich regelrecht wütend. Du brauchtest den Leuten nur in die Augen zu sehen, um zu

Internationaler Berufsboxkampftag
Düsseldorf, Philipshalle
Freitag, den 01. 03. 1991, 20.00 Uhr

Die Kampffolge:

Rote Ecke (Red corner)	Blaue Ecke (Blue corner)
1. Kampf (First fight), Leichtschwergewicht (Cruiserweight), 4 Runden (Rounds):	
Darco Stanojevic (Düsseldorf, kg) geb. am 12. 12. 1963 in Titograd 3 Profikämpfe, 2 Siege	**Fredric Porter** (Nürnberg, kg) geb. am 05. 12. 1964 in Georgia (USA) 2 Profikämpfe, 1 Unentschieden
2. Kampf (Second fight), Mittelgewicht (Middleweight), 6 Runden (Rounds):	
Tritmir Jandrek (Jugoslawien, kg) geb. am 19. 10. 1960 in Zagreb 27 Profikämpfe, 6 Siege	**Michael Kopzog** (Deutschland, kg) geb. am 28. 06. 1960 in Gelsenkirchen 4 Profikämpfe, 4 Siege
3. Kampf (Third fight), Halbschwergewicht (Lightheavyweight), 8 Runden (Rounds):	
Miguel Angel Maldonado (Arg., kg) geb. am 25. 06. 1959 in Trandil 49 Profikämpfe, 28 Siege, 7 Unentsch.	**Henry Maske** (Deutschland, kg) geb. am 06. 01. 1964 in Treuenbrietzen 8 Profikämpfe, 8 Siege
20 Minuten Pause (There will be a interval of 20 minutes)	
4. Kampf (Fourth fight), Schwergewicht (Heavyweight), 6 Runden (Rounds):	
Ramon Voorn (Holland, kg) geb. am 06. 07. 1960 in Amsterdam 15 Profikämpfe, 8 Siege, 1 Unentsch.	**Axel Schulz** (Deutschland kg) geb. am 09. 11. 1968 in Bad Saaroe 4 Profikämpfe, 4 Siege
5. Kampf (Fifth fight), angesetzt auf 12 Runden (12 Rounds) Europameisterschaft im Halbschwergewicht (European Championship-Lightheavyweight)	
Crawford „Gary" Ashley (Engl., kg) geb. am 20. 05. 1964 in Leeds 18 Profikämpfe, 15 KO.-Siege 2 P.-Niederl., 1 KO.-Niederl.	**Graziano Rocchigiani** (BRD, kg) geb. am 29. 12. 1963 in Rheinhausen 30 Profikämpfe, 30 Siege
6. Kampf (Sixth fight) Internationale Deutsche Meisterschaft im Halbschwergewicht, 10 Runden (International German Championship, Lightheavyweight, 10 Rounds):	
Saidi Ali (Stuttgart, kg) Titelverteidiger geb. am 01. 10. 1962 in Tunesien 4 Profikämpfe, 4 Siege	**Nelson „Alex" Alves** (D'dorf, kg) Herausforderer geb. am 29. 03. 1961 in Essen 16 Profikämpfe, 16 Siege

SPORTCENTR

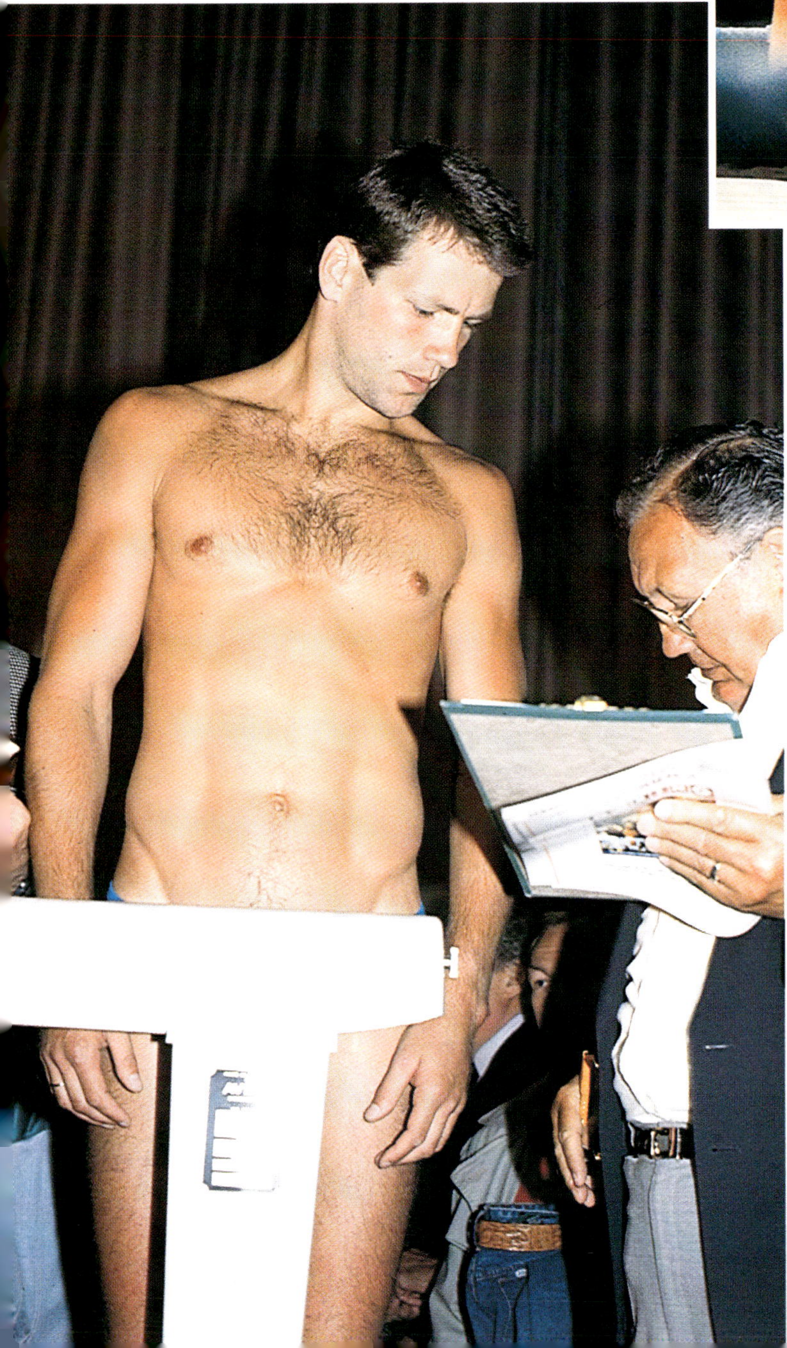

S&L
SPORT+LEISTUNG
LONSDALE
LONSDALE

Das Schicksal in die eigenen Hände nehmen: Maske mit Axel Schulz im Frankfurter Trainingscamp (Mitte) und in London vor, nach und rund um seinen ersten Profi-Fight gegen den Mexikaner Teo Arvizu, der nach 54 s endete.

6. Runde
Antreiber und Seelenklempner: Manfred Wolke

Das Schicksal in die eigenen Hände nehmen: Maske mit Axel Schulz im Frankfurter Trainingscamp (Mitte) und in London vor, nach und rund um seinen ersten Profi-Fight gegen den Mexikaner Teo Arvizu, der nach 54 s endete.

6. Runde
Antreiber und Seelenklempner: Manfred Wolke

Licht geht an, wenn vorher Strom erzeugt wird. Auch Henry Maskes Stern leuchtet nur so hell, weil hinter, mit und neben ihm ein Kraftwerk arbeitet. Manfred Wolke ist pure, greifbare Energie. Wer in seine Nähe gerät, spürt das Knistern, den Funkenschlag.
Den Chansonier Gilbert Becaud hat man wegen seiner hypnotischen Expressivität auf allen Bühnen der Welt als »Monsieur 5000 Volt« gefeiert – Wolke ist in seinem Metier einer vom Schlage des Franzosen. Ein Hochleistungs-Generator mit dem unstillbaren

Jetzt gebe ich an Kai Ebel ab – zu einem Interview mit Wolke …

Ja, das war nicht gerade strahlender Optimismus, aber auch keineswegs Pessimismus. Wolke hat gesagt, was ich auch andeuten wollte: auf Distanz boxen!

Ich wiederhole mich, ein aufmerksamer und positiv autoritärer Ringrichter. Ein 71jähriger Mann, erstaunlich!

Gefährlich der tiefe Kopf. Aufpassen, Henry Maske, nicht auflaufen! Sie haben die Handbewegung des Ringrichters gesehen. Laß den Kopf oben, Landsmann! Er hat ihm ja schon einmal einen Punkt abgezogen.

Drang nach Perfektion. Bedingungslos, hart gegen sich selbst und andere, fordernd.

Der 52jährige mit dem Bürstenhaar hat alles durch auf der sportlichen Hühnerleiter, als Athlet und als Trainer, schwebte im Himmel des Erfolges und ging durch die Hölle menschlicher Lebenskrisen. Erst als 22jähriger kam Wolke aus der Filmstadt Babelsberg mit seinem Coach Martin Neef zum Armeesportklub »Vorwärts«, dennoch war er schon zwei Jahre später, 1967, Vizeeuropameister und nach weiteren zwölf Monaten – in Mexiko-Stadt – gar Olympiasieger. 1972 marschierte er bei den Spielen in München als Fahnenträger der DDR-Mannschaft ins Stadion ein. 258mal kletterte Wolke als Amateur durch die Seile, 236mal verließ er den Ring als Sieger. Getrieben von sich selbst speisendem Ehrgeiz: Oben kommt nur an, wer auf den Gipfel und nicht nach unten sieht.

»Es kann immer einer besser sein«, sagt er. »Aber man darf sich selber nie den Vorwurf machen müssen, nicht alles dafür getan zu haben, selbst der Beste zu sein.« Das hat er sich als Faustkämpfer bis zu seinem Abschied aus dem Ring 1972 abverlangt, das ist er sich als Trainer schuldig.

Als er vor mehr als einem Vierteljahrhundert in Babelsberg Punchingball und Sandsäcke traktierte, da tat er das mit solcher Hingabe und Besessenheit, daß er vom Hallenwart abends in der Trainingsstätte eingeschlossen wurde, weil der längst alle daheim wähnte.

Wolke lebt Boxen, so war der Schritt in die Ringecke nur logisch. Der Coach tat das, was er als Boxer mit

Sternstunde für den Boxer Manfred Wolke am 26. Oktober in Mexiko-Stadt: Olympiasieger im Weltergewicht durch einen Finalsieg gegen Joseph Bessala (Kamerun). – Wolke, der Trainer, erklärt, Otto, Eigenbrodt, Schulz und Maske (v.l.n.r.) begreifen …

Martin Neef machte Wolke zum Olympiasieger und gab später sein Trainervorbild ab. (Seite 65)

Schweißbächen, mit Tränen, mit Erschöpfung, mit trotziger Selbstbehauptung inhaliert hatte: Er gab alles. Manchmal ohne Rücksicht auf die Umwelt, auf die Familie, Frau Brigitte – »ohne sie wäre ich verraten und verkauft gewesen« – und die drei Kinder. Mit egomanischer Rigorosität, die den Kompromiß ablehnte und die Konflikte – »man muß sich reiben, sonst bewegt sich nichts« – nicht scheute.

Trainer-Kollegen wissen zu berichten, »daß es schwierig war, mit Manne zusammenzuarbeiten«. Weil er bis an die Grenzen ging, die »Normen« verschob, auf die anderen übertrug, was er sich selbst zumutete. Eine Schule, die für seine Schützlinge alles andere denn ein Zuckerschlecken war und ist, aber – wenn sie denn »wollten« – so etwas wie eine Erfolgsgarantie bedeutete.

»In Wolkes Gruppe zu kommen war eine Auszeichnung«, sagt Halbweltergewichtler Andreas Otto, einer der medaillenträchtigsten deutschen Amateure. »Wurde man dort rausgenommen und wieder zu den sogenannten Anschlußkadern gesteckt, dann konnte man getrost auch mit dem Boxen aufhören.«

Methodisch, so sagt der einstige Cheftrainer beim ASK, Heinz Heine, sei Wolke ein »schwieriger Kandidat« gewesen, der seine Hausaufgaben nicht immer wie gewünscht erledigte. Abgeforderte »Individual-Trainingspläne« (ITP), Schreibtisch-Arbeit, ließen auf sich warten oder blieben aus. Das machte dem Workaholic Wolke im uniformierten Dienstbetrieb des Armeesportklubs nicht nur Freunde. Er schützte sich mit Leistung, mit Medaillen. »Keiner hat solchen Instinkt, aus den Leuten etwas herauszukitzeln. Die Fähigkeit, Athleten zu motivieren, zu begeistern, zu überzeugen. Da zählt für die Sportler vor allem das Beispiel«, meint Heine mit Respekt. »Die Jungs sind ihrem Trainer fast hörig, weil der sich für sie mit allem, was er hat, in die Bresche wirft. Weil sie spüren, der boxt mit, läßt sie nicht allein im Ring.«

Henry Maske umschreibt das Verhältnis mit dem Coach in einem Satz, der fast anderthalb Jahrzehnte Leben als ständige Herausforderung zusammenfaßt: »Wir haben uns aneinander hochgezogen.« Wolke, sagt Maske respektvoll, sei als »sehr komplizierter Trainer« der ideale Partner für einen »komplizierten Boxer« wie ihn. »Wir haben beide einen äußerst hohen Leistungsanspruch. Meine Qualität zu boxen ist die Vervollkommnung seines früher selbstgeprägten Stils. Ich bin für ihn der Sportler, in dem er sich selbst verwirklicht sieht.«

Manfred Wolke ist in der Ringecke nie in »Zivil«, er ist – unsichtbar – immer Faustkämpfer, hat zehn Unzen auf den Händen, weicht den Schlägen des Gegners aus, kontert mit Haken und Gera-

Auch außerhalb des Rings boxt Wolke immer mit (oben). Und sein Protegé Generalmajor Walter Herkner hielt die Hand über ihn, wenn er mal einen Tiefschlag landete.

Es ist erstaunlich, welche Qualitätsunterschiede es in diesem Berufsboxen gibt. Sie mußten sich die Rahmenkämpfe des heutigen Abends nicht ansehen, aber das ist einfach runde fünf Klassen höher als das bisher Gesehene.

Noch 50 Sekunden in der 6. Runde. Ja, ins Leere geschlagen. Das kostet Kraft, und das demoralisiert. Stop holding. Halten und schlagen. Williams hat da nach dieser Situation noch einen Treffer erzielt. »Henry«-Sprechchöre. Sie hören es.

den. Die Händen zucken, der Oberkörper pendelt, die Gesichtszüge straffen sich vor Überkonzentration. Wird sein Boxer getroffen, empfindet Manfred Wolke den Schmerz, als habe er selbst den Hieb abbekommen.
Er fühlt wie Ex-Profi-Champion Eddie Mustafa Mohammad, der ebenfalls in den Trainerberuf gewechselt ist: »Ich bin das dritte Auge, die dritte Hand, das zweite Gehirn.« Wer Wolke erlebt – beim Training in Frankfurt (Oder), in der Ringecke bei den Kämpfen, im Gespräch über Boxen, Boxen und noch mal Boxen – der kann sich der scheinbar magnetischen Ausstrahlung des kleinen, großen Mannes schwer entziehen. Statt über ihn zu reden, soll er deshalb selber reden – Wolke im Interview.

Herr Wolke, Sie arbeiten in Frankfurt (Oder) unter Bedingungen, über die einige sogenannte Experten anderswo lachen. Warum bauen Sie sich nicht ein richtig feines Boxstudio?
Wir haben ja gerade eine neue Halle hingestellt. Aber das hat rein zweckmäßige Gründe. Für fünf Leute, die ich inzwischen betreue, wird es auf den 65 Quadratmetern des alten Raumes zu eng. Doch wir gehen nur um die Ecke, bleiben am gewohnten Standort. Mich stört die triste Umgebung des Bahngeländes nicht. Es kommt darauf an, ob und wie man dort Leistung produzieren kann. Und das haben wir mit Henry Maske, Axel Schulz und den Gebrüdern May doch getan, oder?! Die Halle gehörte dabei irgendwie dazu, wir haben dort als Profis angefangen, selbst mit Hand angelegt, um sie für uns boxfertig zu machen. Da gibt es eine innere Bindung.

Das heißt, Ihr Boxcamp, das ist so etwas wie ein Zuhause?
Genau. Das ist ein Wohnzimmer, wo wir uns ausgesprochen wohl fühlen. Da konnte ich immer das Fluidum reinbringen, das ich zum Training brauche.

So was ist andernorts in steriler Kälte gar nicht machbar. Wenn wir dort zu Gange waren, mit Sparring, Technik, Schlagvarianten, Angriffsweiterführung, dann war da eine besondere Spannung in der Halle, richtig schön. Dieses Gefühl beweist mir immer wieder, warum ich Boxer geworden und dabeigeblieben bin. Das ist wie eine Sucht, die einen nie losläßt.

Empfinden das Ihre Schützlinge genauso?
Ich glaube schon, zumindest im großen Maße. Sicher ist das für Otto Normalverbraucher nicht so leicht nachvollziehbar. Das Training im Boxen läuft anders als im Normalsport. Deshalb bleiben wir dabei auch am liebsten unter uns. Wenn man in die Leistungsbereiche rein will, in denen wir uns bewegen, da muß man ganz nah an die Persönlichkeit, an ihre Schwäche, in Intimsphären. Bringe ich jemanden auf einen 230er Puls, dann ist das nicht mehr Friede, Freude, Eierkuchen. Da drehe ich mal durch, da dreht der Athlet mal durch – eine hochsensible Ebene, auf der sich das abspielt. Man geht an Eigenschaften heran, die einen dritten nicht zu interessieren haben. Aber das muß ich tun, wenn ich hohe Ziele durchsetzen will. Wie weit kann ich gehen, was ist wann für wen die richtige Ansprache? Das hat mit Instinkt, mit Kreativität, ja, mit ein bißchen Genie zu tun. Das eben reizt mich.

Sind Sie autoritär, diktatorisch?
Es gibt viele, die das so beschreiben. Entscheidend ist die Begriffsbestimmung, was versteht man darunter? Über bestimmte Dinge wird bei mir nicht diskutiert. Debatten über Inhalte des Trainings gibt es nicht. Über anderes können wir stundenlang reden. Die Jungs wissen sehr genau, daß ich von meinen Forderungen in Sachen Sport nicht abzubringen bin. Das Thema existiert deshalb gar nicht bei uns. Da träfe man bei mir auf taube Ohren. Wenn einer jammert, das erreicht mich nicht, das höre ich nicht.

Bleibt es deshalb auch beim »Sie« zwischen Ihnen und Ihren Sportlern?
Von außen sieht sich das offenbar wichtiger an, als es für uns in der Praxis ist. Als ich 1973 Trainer wurde, habe ich mich mit der Anrede schwergetan.

Geilich, Rostankowski, Beyer – die waren ja gerade mal drei, vier Jahre jünger als ich. Der Verband verlangte das »Sie« zwischen mir und den Athleten, und ich habe die Herren gefragt: Habt ihr einen kleinen Knall? Die Aktiven haben »du« gesagt, erst später mit den Jüngeren hat sich das verändert.

Als ich 1968 Olympiasieger wurde, hatte mir mein damaliger Chef das Duz-Verhältnis angeboten – ich konnte das nie. Da war einfach ein bestimmter Abstand, der aber für das sportliche Ziel produktiv wirkte. Ähnlich ist es wohl mit Henry, dem ich freistellen würde, wie er mich anredet. Das ändert nichts daran, daß ich Forderungen stellen muß, die Respekt, Achtung und Vertrauen zugleich abverlangen.

Sie sagen, Boxen ist anders als Normalsport. Inwiefern?
Ich tue dem anderen weh. Beim Boxen wird nicht mit Wattebäuschchen geworfen.

Das müssen wirkliche Kerle sein, die sich in den Ring stellen und warten, daß 350 Kilo auf sie zugeflogen kommen. Man muß den Nerv haben, hinzugucken, den Kopf wegzunehmen und dann selber zu treffen. Sich diesem Streß zu unterwerfen, das erfordert nicht nur Physis, sondern Charakter. Es gehört neben der Leidenschaft auch kühle Berechnung dazu. Das ist es, was ich meinen Leuten beizubringen versuche: Es ist keine Auszeichnung, getroffen zu werden! Um Gottes willen! Dem Gegner die Stärke nehmen und selber treffen, das ist für mich das wichtigste am Boxen. Als Trainer habe ich da eine hohe Verantwortung. Ich darf nie vergessen, den Sportler als Mensch zu sehen, auch wenn es mal um viel Geld geht. Man muß nicht nur drinstehen und feuern.

Genau dies aber will doch ein Teil des Publikums sehen ...
Das ist inzwischen eine Minderheit. Die Haltung der Leute hat sich geändert.

Sie mögen es, wenn ein Kampf geführt wird. Die vollen Hallen, die Fernsehquoten bei Henrys Auftritten beweisen das doch. Wenn man Erfolg hat, indem man nicht getroffen wird, wegnimmt, rauskommt aus Bedrängungen und selbst Aktionen anbringt, dann akzeptiert das das Publikum. Dann akzeptieren das alle in der Welt. Das hat im übrigen nichts mit Defen-

Jürgen Möllemann, Ex-Wirtschafts-minister:
Ich bewundere Henry Maske, weil der ein Boxer mit Kopf ist. Der ist mir trotz gewagter Sätze lieber als andere, die keinen zu Ende formulieren können.

Alfred Biolek, Showmaster
Henry Maske ist ein hochinteressanter Mensch. Er hat sich bei mir in der Sendung als vielseitiger Gesprächspartner gezeigt. Er geht mit anderen Menschen respektvoll um und ist einfach sehr sympathisch. Man muß ihn einfach mögen.

Dr. Gregor Gysi, PDS-Bundestags-abgeordneter:
An Henry Maske beeindruckt mich vieles. Sein Können, seine Zielstrebigkeit, seine sportliche Fairneß. Darüber hinaus strahlt er für mich menschliche Wärme und Anstand aus.

Hand aufs Herz: Manfred Wolke, der Unbestechliche, verlangt von seinen Schützlingen Leidenschaft, die manchmal auch körperliche »Leiden« schafft.

sive zu tun. Offensiv sein, aber sich trotzdem nicht treffen lassen – das ist es. Ich meine, wir haben in das Profiboxen eine gewisse Sauberkeit reingebracht, die sich jetzt mehr und mehr auszahlt.

Dennoch sind Vorbehalte geblieben. Halten Sie den von Ihnen eingeschlagenen Weg für unumkehrbar?
Ich bin nicht ins Profi-Geschäft eingestiegen, um mich nach zwei, drei Jahren wieder zu verabschieden. Wer seine Vorbehalte aus Rocky-Filmen bezieht, der kann sie durch das aktuelle Boxen, wie wir es bieten, korrigieren. Daß nicht alle diesen Weg gehen, ist schlimm – zeigt aber um so deutlicher, wie wichtig unsere Box-Schule für das Metier ist. Ich lebe mit meinen Sportlern und die mit mir, wir sind eine geballte Macht. Das Geld spielt eine Rolle in der Branche, aber es ist nicht der erste Antrieb der Wolke-Truppe. Ich bin im Herzen immer Sportler geblieben. Ich will die Auseinandersetzung mit der Weltspitze. Bin ich in der Lage, die großen Amis zu gefährden? Das war es, was mich gereizt hat, als ich mit Henry am 8. März 1990 den Sprung ins kalte Wasser gewagt habe und bei Wilfried Sauerland den Vertrag unterschrieb. Mit dem Traum, daß die Leute in Amerika eines Tages nachts aufstehen und den Fernseher anmachen, um die deutschen Meisterboxer zu sehen.

Waren Sie sicher, den Durchbruch bei den Profis zu schaffen?
Sicher nicht, aber ich wußte, daß ich eine Chance habe, wenn man mich arbeiten läßt. Diese Chance gab es bei Sauerland. Natürlich war es ein gewaltiges Risiko. Du bist bescheuert, haben sie mir beim ASK gesagt. In deinem Alter, mit den Amateur-Erfolgen, und von der Bundeswehr würdest du auch übernommen werden. Als ich dabei blieb, haben die Leute vom DDR-Verband prophezeit: Der liegt bald in der Gosse, säuft wieder, geht unter. Denen wollte ich es beweisen! Intuitiv wußte ich, daß mit dem Ende der DDR über kurz oder lang auch das Ende der Amateur-Herrlichkeit da war. Und ich wollte im Boxen weiter Weltspitze sein! An Sicherheiten und Vorteile habe ich nicht gedacht – der Weg zu den Profis war für mich folgerichtig. Dort ist eben jetzt in unserem Sport ganz oben. Sicher, ich habe hinterher gesehen, wie beschissen es mit ein bißchen Pech hätte werden können. In den beiden ersten Jahren habe ich als Trainer nicht viel Geld verdient, auch heute bin ich nicht Millionär. Doch das ist für mich sowieso sekundär.

Wie haben Sie es geschafft, sich so schnell im Profi-Geschäft zu behaupten?
Erstens haben wir schon immer Spitzenleistungen produziert – und unter den veränderten Verhältnissen nach der Wende diese professionelle Einstellung, die wir bereits als Amateure hatten, beibehalten. Zweitens gab es im Berufsboxen eine Reihe von Defiziten. Über Trainingskonzepte und andere inhaltliche Fragen hat man sich gar keinen Kopf gemacht. Ehrlich gesagt, war ich am Anfang ziemlich erschrocken über die verbreitete Inkompetenz. Das kannte ich so von den Amateuren nicht. Auf der anderen Seite muß man sich vor Verklärung hüten. Zwar war das DDR-Sportsystem im Grundsatz gut, aber wir hätten damals noch weitaus besser arbeiten können, wenn nicht ein riesiger bürokratischer Wust die Entwicklung behindert hätte.

Diese Einschätzung muß angesichts der Medaillen-Flut verwundern.
Wer die Decke mal hochhebt und richtig druntersieht, der wird mir recht geben. Jeder im DDR-Sport, der einen kleinen Posten hatte, hat doch sofort vergessen, was unten passierte. Parteisekretär, Klubleiter, Cheftrainer, Verbandsfunktionäre – dieser ganze Wasserkopf war über den gesetzt, der den Spitzensportler mit seiner Hände Arbeit und seinem Geist produzierte. Alle wollten mitreden, das wuchs sich zu einer Macke und Schwäche der gut gedachten Förderstrukturen aus.
Es schwammen zu viele mit wie Fettaugen auf der Suppe. Auch in der DDR gab es nur wenige wirklich gute Box-Trainer.

Der Erfolg hängt immer nur an zwei, drei Personen und deren Ehrgeiz und

Energie, Hochdruck, Verstand, Gefühl: Manfred Wolke auf der Suche nach der Perfektion. Losgelassen am Ring, sanft bei Ehefrau Brigitte (oben rechts), gelöst nach dem Sieg, bestimmt im Trainingscamp (mit den Brüdern May, Schulz und Maske), gestenreich im Gespräch mit Journalisten.

der Boxkonzeption, die Veränderung der Bewegungsmuster, ein anderes taktisches Verhalten. Zwölf Runden, solch ein Kampf geht ganz anders durch den Kopf. Das kommt meiner Box-Auffassung entgegen. Natürlich braucht man dafür Athleten, die in der Lage sind, das geistig umzusetzen. Keiner meiner Leute gehört zu den geborenen Supertalenten. Sie müssen unwahrscheinlich hart arbeiten, jeder. Jeder muß die ehrliche Arbeit des anderen akzeptieren, mehr verlange ich im Verhältnis untereinander nicht. Das funktioniert tadellos. Die gemeinsam vergossenen Schweißbäche schaffen Zusammenhalt.

Überrascht Sie der Boom um Henry Maske, seine große Popularität?
Nein. Es ist ja auch nicht nur Henry, um den es dabei geht. Da steckt ja mehr dahinter. Sauberer, als wir es demonstrieren, kann Boxen gar nicht sein. Und das war offenbar für viele eine Überraschung. Henry ist dabei der »Eisbrecher«, derjenige, der rausguckt, der den Boxstil, den wir rüberbringen wollen, überzeugend repräsentiert. Das ist sein unbestreitbares Verdienst. Solche Leute wie ihn kannte man doch im Westen als Boxer bis dahin gar nicht. Auf einmal tritt so einer auf, plötzlich kommt da solch ein sauberes Volk, wo doch Boxen vorher nur mit Negativ-Schlagworten verbunden wurde. Henry Maske hat die Bresche geschlagen, meine anderen Leute werden folgen. Sie haben von Moral und Geist her das gleiche zu bieten. Das Publikum kann sich mit Henry identifizieren, nicht, weil er Boxer, sondern weil er mehr als das ist. Damit kam auch die Nachfrage. Vor ihm gab es eben keinen, der Lehrer, Hausfrau oder Künstler gleichermaßen ansprach. Die kommen jetzt in die Halle, oder schalten zu Millionen den Fernseher an, um ihn zu sehen. Der Lehrer spricht im Unterricht mit seinen Schülern über Maske. Einen Boxer! Das war bei Rocchigiani nicht möglich. Als Cassius Clay seine Glanzzeiten erlebte, hat sich ganz Amerika mit ihm identifiziert. Das schwebt mir für Deutschland vor – alle Schichten ansprechen, nicht nur ein Box-Publikum.

Apropos Clay bzw. Ali. Ist er für Sie der Größte aller Zeiten?
Gar keine Frage. Unangefochten, weit vor allen anderen. Er verkörperte das, was ich an einem Boxer bewundere: die Verbindung intellektueller Fähigkeiten mit technisch-taktischem Können und athletischer Stärke. Auch andere wie Sugar Ray Leonard, Frazier, Hagler oder Foreman waren und sind exzellente Faustkämpfer. Amateure spielen auf diesem Leistungsniveau überhaupt keine Rolle.

Gehört nach Ihrer Meinung dem Profiboxen die Zukunft?
Ich meine, ja. Es ist die Pflicht der Guten, daß sie ins Berufsbox-Lager wechseln. Die ganz Jungen sollen gehen, und auch die bereits Erfolgreichen. Das Amateurboxen hat weiter seine Daseinsberechtigung, gar kein Zweifel. Aber die Besten gehören zu den Profis. Sie brauchen keine Angst zu haben, sie werden den Schritt nicht bereuen. Bei den Profis können Boxer genauso gut entwickelt werden wie bei den Amateuren. Sie können sogar sorgsamer aufgebaut werden. Bei den Amateuren kann ein junger Athlet durch eine unglückliche Auslosung bei einem Turnier schon frühzeitig auf einen Weltklassemann treffen und dabei vielleicht den entscheidenden Karriereknick verpaßt kriegen. So etwas wird mit meinen Leuten nicht passieren. Wir bauen Stück für Stück von unten auf, so wie mit Henry vorexerziert. Natürlich gibt es Unterschiede: Man muß sich aussuchen, wohin man als Berufsboxer geht, wem man vertrauen kann.

Zwei Jahre lang waren Sie in der DDR weg vom Spitzensport. Sie wurden als Offizier degradiert und quasi strafversetzt. Welche Erinnerung haben Sie daran?
Ich meinte, mit Alkohol die langen Abende in den Trainingslagern besser überstehen zu können und überfuhr dabei sozusagen das Stopzeichen. Ich brauchte lange, um das Problem in seiner Dimension zu erkennen. Erst als mir bewußt wurde, daß ich meine Verantwortung für andere nicht mehr voll wahrnehmen kann, kehrte ich rigoros um. Daß ich 1985 als Spitzentrainer abgelöst wurde, tat weh. Einige waren darüber wohl nicht unglücklich. Mein Fehler war, daß ich ihnen einen Anlaß geliefert hatte, mich aufs Abstellgleis zu schieben. Bis Ende 1987 betreute ich eine Klasse an der Kinder- und Jugendsportschule – ich habe daran sehr gute Erinnerungen. Ich habe gemerkt, wie schön die Arbeit unten sein kann und wie dankbar die kleinen Kerle sind. Wenn ich von Beginn an dort gearbeitet hätte, ich hätte auch da meine Bestätigung gefunden. Es war eine richtig schöne Zeit. Und ich habe gestaunt, wie begeistert und vor allem wie belastungsfähig die Jungs sind. Die haben mir gezeigt, daß es sich lohnt, für das Boxen zu kämpfen und zu leben.

Henry Maske hat Sie durch seine Intervention wieder zu den Top-Leuten zurückgeholt. Hat er damit etwas von dem zurückgegeben, was er in den Jahren davor von Ihnen empfangen hat?
Im September 1987 ging Henry zu Generalmajor Herkner, sagte: Holt Wolke zurück, oder die Medaillen bleiben aus. Würde man das ablehnen, wollte er aufhören und dann eben nach Olympia 1988 gemeinsam mit mir wieder anfangen. Das zog, denn Medaillen waren es, die zählten. Henry hat das wohl in erster Linie für sich und weniger für mich getan. Als ich 1985 abgelöst wurde, da dachte er noch, er schafft es ohne mich. Das sage ich ohne jeden Vorwurf, er war ein junger Bursche von 21 Jahren. Aber schon nach einem halben Jahr ging es bergab, obwohl er weiter erfolgreich blieb. Er hatte Probleme mit der Kampfführung, wurde angezählt, verkrampfte. Erst mit dem Olympiasieg war er wieder ganz der alte.

Sie waren wegen Ihrer Beharrlichkeit nicht gerade ein Lieblingskind der Funktionäre. Haben Sie mal Ihre Stasi-Akte eingesehen?
Ich überlege noch, ob ich das tue. Ehrlich gesagt, ich habe Angst, unangenehme Dinge zu lesen, wenn ich sehe, wer wen beschnüffelt hat. Daß ich bespitzelt und kontrolliert wurde, ist doch sowieso klar. Mich hat das nie interessiert, ich habe den Leuten trotzdem meine Meinung gesagt. An sich sind das für mich menschlich bemitleidenswerte Geschöpfe. Mit anderen bei Siegen und Niederlagen feiern, sich freuen, heulen und dabei niederträchtig Fallen stellen – das verachte ich. Ich verachte die, die sich damit berufliche und persönliche Vorteile erkaufen und ihre Karriere befördern wollten. So war ich nie, so werde ich nie werden – dafür fehlt mir jedwedes Verständnis.

»Du mußt, du darfst, du willst!« – Boxer-Siege werden auch auf dem Sportplatz gemacht.

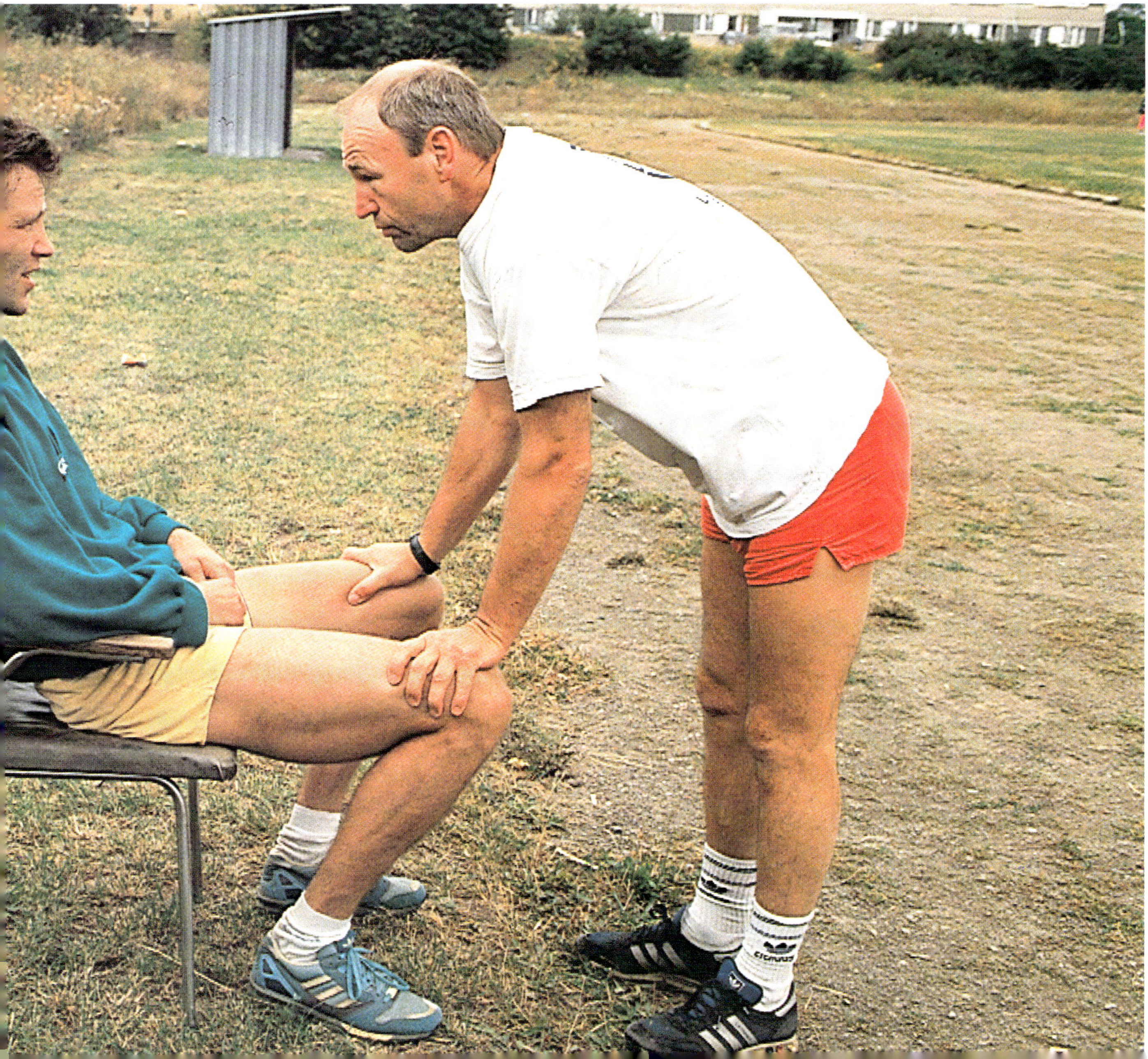

7. Runde
Das Manager-Comeback: Wilfried Sauerland

20. März, Düsseldorf, Philipshalle: Beim Kampf um den Weltmeister-Gürtel – das obskure Objekt der Begierde hat einen Materialwert von etwa 650 Dollar – ist in Runde sieben noch nichts entschieden. Charles Prince Williams, dessen Team den Gürtel beim Hymnen- und Präsentationsvorspiel stolz über die Häupter erhoben hereingetragen hatte, darf noch hoffen, daß ihm die Reputation des Champions erhalten bleibt. Er gilt als der beste der vier Weltmeister im Halbschwergewicht. Doch längst sind alle Rechenspiele, alle verbalen Muskelspiele aus den Tagen vor diesem 20. März so wichtig wie die Zeitung von gestern. Übriggeblieben sind zwei Männer in einem Käfig, der Ring heißt und dennoch – welch Anachronismus – nicht rund, sondern quadratisch ist. Zwei Männer, die alles Versteckspiel aufgegeben haben und etwas miteinander abmachen, das sie zugleich verbindet und in seiner Endgültigkeit trennt.

Die 7. Runde beginnt, ein Spion war erfolgreich. Er hat einem Punkterichter über die Schulter geschaut. Dieser Mann ist meiner Meinung, der Kampf steht bis jetzt unentschieden. Was die beiden anderen auf ihren Zetteln stehen haben, weiß ich nicht.

Henry Maske hat alles erreicht, was ein Amateurboxer erreichen kann, er war Weltmeister, er war Weltcupsieger, mehrfacher Europameister, Olympiasieger. Sein Sparringspartner, der Schwergewichtler Axel Schulz, auch sein Freund, der es kürzlich versucht hat, Europameister im Schwergewicht zu werden, versucht es ein zweites Mal am 1. Mai. Bin neugierig. Wir werden selbstverständlich über den Kampf berichten. Jetzt ist der Ringrichter mit Maske böse gewesen, wahrscheinlich hat er nachgeschlagen, aber ich habe es nicht so genau sehen können.

Sehr beweglich Maske, schön ist er weggegangen von der Schlaghand. Jetzt müßte die Linke nachkommen. Wieder Kopfstoß. Maske macht das ganz geschickt, wenn er sieht, daß Williams' Kopf runtergeht, schlägt er den linken Haken und hat zweimal getroffen.

»Ich bleibe der Champ«, hatte Williams erklärt, in der mehrwöchigen Vorbereitung mehrere Sparringspartner verschlissen, die hinter seinen Fäusten immer wie Maske aussahen. Sieben, die dafür zahlen mußten, daß der »Prince«, seit 1987 Weltmeister, den Gürtel behalten wollte.

Nach sieben Runden wußte der Champ noch nicht, daß der ihm nie mehr passen wird.

Fast ein Jahr lang hatte Henry Maske auf seine Chance warten müssen. Schon im Juni 1992 sollte er um die Weltmeisterschaft kämpfen. Immer wieder formulierte er die Herausforderung an sich selbst und andere: »Ich will der Champion werden!« Dafür hatte er sich gequält. Durch Aufbau-Fights, die mal welche waren und mal nicht. Durch zermürbende Ausdauerläufe, bei denen der Kopf den gemarterten Füßen befahl: Du mußt durchhalten, 12 Runden stehen und nicht wanken! Durch schweißtreibende Trainingseinheiten mit dem unbarmherzigen Trainer Manfred Wolke im Nacken. Durch Hunderte Sparringsrunden, in denen er sich mürbe schlug und sich doch keinen Moment losließ. Er lernte, wuchs, wurde stärker. Das sprach sich herum, drang bis über den »großen Teich« ins Land der unbegrenzten Möglichkeiten. Schließlich hatten genug Faustkämpfer von »drüben« in Wolkes Camp in Frankfurt (Oder) versucht, dem Deutschen nicht nur das Geld fürs bezahlte Sparring, sondern auch den Schneid abzukaufen. »Die waren dann immer sehr überrascht, daß es da im fernen Europa, das sie gern als Boxer-Einöde abstempeln würden, jemanden gab, der zurückschlug«, erzählt Jean-Marcel Nartz. »Doch die Dollar für die Trainings-Ringauftritte mit Maske, die mußte man sich immer hart verdienen.« Dollar, die ein gewisses Maß an Masochismus verlangten. Wer läßt sich schon gern rundenlang mit Schlägen durch das Seilquadrat treiben? Die Folge: Keiner der Weltmeister wollte seinen Titel ausgerechnet gegen Maske aufs Spiel setzen. Der kletterte zwar stetig in der Rangliste, fand sich in Spekulationen um geplante Fights, durfte sich sogar schon über vereinbarte Dates freuen – und fiel dann doch ein ums andere Mal ins Tal der Tränen, weil der greifbare nahe Gipfel mit Theaterkulissen zugestellt wurde. Mit mehr oder minder guten Gründen hielten sich die Champions den Herausforderer – er war es längst, auch wenn man es ihm verweigerte – vom Leibe.

»Du kannst so gut sein, wie du willst, ohne einen entsprechenden Manager kommst du vielleicht nie zu deiner Chance«, meint Maske. Wilfried Sauerland, Unternehmer und aus leidenschaftlicher Passion dasselbe hobbymäßig im Berufsboxen, schaffte es schließlich in einem nervenaufreibenden, mehrmonatigen Verhandlungsmarathon, Maskes Weltmeister-Träumen ein Fundament zu geben. Mit einer Börse von 800 000 Mark lockte er IBF-Titelträger Charles Prince Williams nach Deutschland. Der hatte noch nie so groß Kasse gemacht. Düsseldorf erlebte das größte Boxspektakel und den teuersten Kampf auf deutschem Boden seit fast dreißig Jahren, als Karl Mildenberger am 10. September 1964 in Frankfurt/Main Muhammad Ali 12 Runden widerstand, ehe er k. o. ging.

Maske kontra Williams: der Beginn der Resozialisierung einer Sportart, der vorläufige Höhepunkt des mit dem Frankfurter begonnenen Exodus des deutschen Berufsboxens aus der Schmuddelecke von Rotlicht, organisierter Kriminalität und Zwielichtigkeit. Wilfried Sauerland, der Mann hinter Maske und Wolke, ist da-

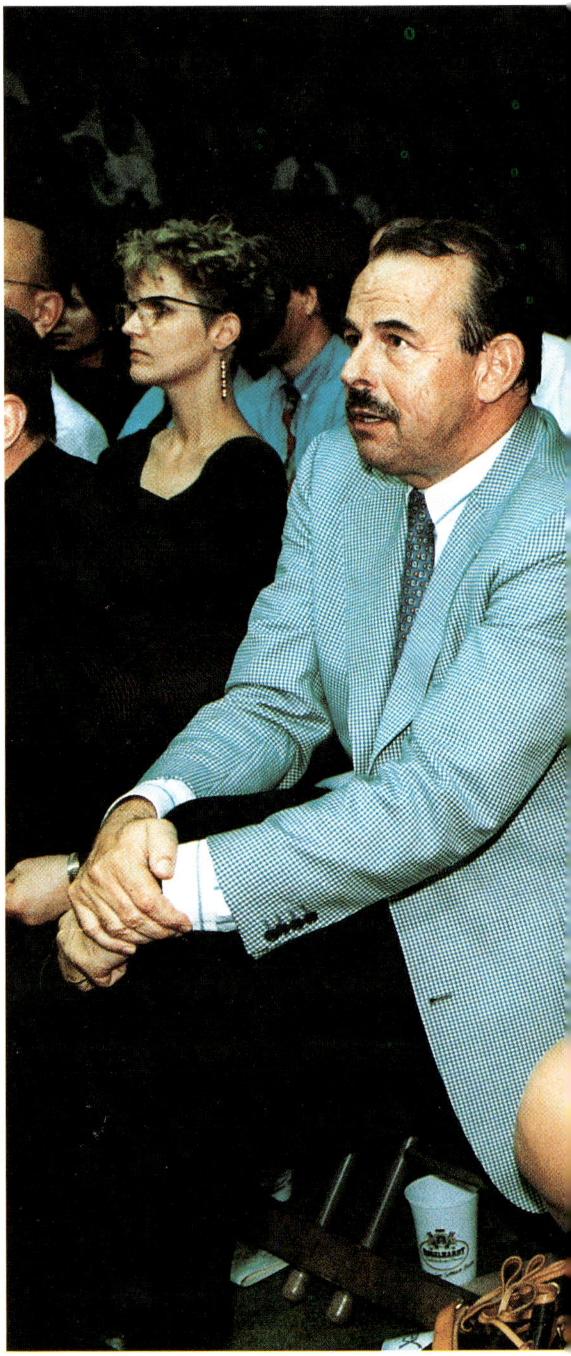

bei eigentlich der Mann davor. Daß er das nie spüren läßt, sondern sich mit dem Part des unauffälligen Steuermannes ohne Kapitänsallüren begnügt, spricht für ihn. Keine branchenüblichen dunklen Flecken auf dem edlen Glencheck-Jackett des alerten Herrn mit dem Hemingway-Schnauzer, der laut Manager-Magazin der »erfolgreichste deutsche Promoter« ist. Als »Mister Boxing« und »Gentleman des deutschen Profiboxens« wird er in der einschlägigen Fachpresse gefeiert. Das paßt doch: »Gentleman« Henry Maske, »Gentleman« Wilfried Sauerland – die haben sich gesucht und gefunden. Gentlemen unter sich. Men at work.

»Sauerland ist ein Glücksfall für uns«, sagt Manfred Wolke, der beim spektakulären Wechsel vor allem zwei Dinge im Auge hatte. »Zum einen wollten wir den Erfolg in absehbarer Zeit, zum anderen die Möglichkeit, langfristig arbeiten zu können.« Sauerland stand für beides, und in einer Mischung aus Kalkül und Instinkt entschieden sich Maske und Wolke für ihn.

»Die Karriere eines Boxers ist genauso abhängig vom Geschick seines Managers wie von seinem eigenen Können im Ring«, belehrt die britische »Encyclopedia of Boxing« (London 1979). »Ein schlauer und scharfsinniger Manager kann sogar einen durchschnittlichen Kämpfer auf einem langen Weg bis an die Spitze führen, während ein schlechter Manager den Fortschritt des besten Boxers der Welt zum Stehen zu bringen vermag.«

Man sollte während eines Boxkampfes nicht über den Berufssport philosophieren, es ist eine harte, gefährliche Sache, das sehen Sie selbst. Aber es ist der Sport für Maskes Talent, es ist der Sport, den er sich früh erwählt hat. Eines Tages gab es kein Zurück mehr.

Eine Karriere hat ihre Eigendynamik. Jetzt, am Zenit seiner boxerischen Möglichkeiten, will er Weltmeister der Professionals werden. In einem der drei großen Verbände.

Ebby Thust, Ex-Boxpromoter:
Das ist einer, mit dem sich die Leute identifizieren. Er ist weder eingebildet noch unterkühlt, sondern einer, der die Sache auf den Punkt gebracht hat. Als Thurau im Radsport eine Größe war, da haben sich Tausende Rennräder gekauft. So ähnlich ist es nun bei Maske.

Die Gentlemen bitten zur Kasse – Wilfried Sauerland und Henry Maske haben das deutsche Berufsboxen revolutioniert. Sauerland über seinen Vorzeigeschützling: »Henry ist ein Boris Becker des Boxens.«

The Young Persons Guide durch die neue Welt – Wilfried Sauerland macht für die Athleten mehr als »business as usual«. Schon bei Maskes Profi-Premiere am 9. Mai 1990 in London (oben und unten links) weiß er: »Das ist ein ganz anderer Schlag Boxer, als wir sie bisher kannten.«

»Er ist ein Glücksfall für das deutsche Boxen« – Maske über Sauerland, Sauerland über Maske. Seltene Übereinstimmung zwischen Manager und Athlet, die beide einstweilen nicht mehr als zufällig ansehen.

Sauerland hat ersteres mehrfach vorexerziert, letzteres nie verbrochen. Maske, zweifellos überdurchschnittlich, kam nach drei Jahren genau dort an, wohin ihn sein Manager bei der Vertragsunterzeichnung am 8. März 1990 prophezeit hatte: Ganz oben! Diesem 8. März waren Gespräche mit einem halben Dutzend »Kollegen« Sauerlands vorausgegangen. Solchen, die schnell durchschaubare Absahner-Konzepte präsentierten. Solchen wie der Hamburger Klaus-Peter Kohl, einst Präsident des Verbandes Deutscher Berufsboxer, der – so Wolke – »durchaus Vernünftiges anzubieten hatte«. Doch nach einem Winter-Wochenende im Sauerland-Chalet im malerischen Schweizer Gstaad und zwei Begegnungen in Berlin hatte Maske genug gehört: »Herr Sauerland hat das bessere Konzept.« Aus »Land unter« nach der Wende in der DDR wurde für Trainer Wolke und seinen Schützling wieder »Land in Sicht«. Der Coach über die Entscheidung: »Henry und ich waren sehr schweigsam, als wir vom Gespräch mit Sauerland nach Hause zurückfuhren. Jeder hat für sich gedreht und gewendet, wie es nun weitergehen wird. Fünf Kilometer vor Frankfurt habe ich dann gesagt: Henry, ich glaube, das war der Richtige. Und er hat geantwortet: Trainer, genau dasselbe habe ich auch gerade gedacht.« Wolke beglückwünscht sich bis heute für diese Entscheidung. »Daß Sauerland nach mehrjähriger Zusammenarbeit noch mit mir spricht, beweist eine funktionierende Kooperation. Denn ich bin nicht einfach, manchmal kein angenehmer Partner, habe meinen eigenen Kopf. Sauerland akzeptiert, daß das Sportliche unsere Sache ist, wir da das Sagen haben. Er redet uns nicht rein, und wir können uns darauf verlassen, daß er seinen Part mit der gleichen Hingabe und Zuverlässigkeit erledigt wie wir unseren. Man braucht nicht nur einen, der das Geld gibt, sondern auch einen, der beim ganz trivialen Alltag über den Sport hinaus hilft. Schließlich war das für uns eine völlig andere, unbekannte Welt. Wir wollten nicht den zahlungskräftigsten, sondern den seriösesten aus der Branche für uns.«

Wolke gibt anstandslos zu, mit Vorurteilen und schiefen Bildern vollgestopft gewesen zu sein, als er mit Henry Maske ankam in seinem zweiten Leben. Vorurteile, die häufig zumindest einen Kern von Wahrheit in sich trugen und so schnell bestätigt werden konnten. »Wir fanden eine katastrophale Situation in Profideutschland vor«, blickt der erfahrene Box-Lehrer zurück. »Sprücheklopper, müde Show, Jahrmarktstapeten mit dusseligem Zeugs über irgendwelche Tiger oder sonstige unbesiegbare Bestien« – das war doch alles so, wie man es in der DDR über das Berufsboxen, die dekadente Ausgeburt des Spätkapitalismus, gelernt hatte! »Aber da war eben auch noch etwas anderes. Da waren Leistungen, die einfach nur zugeschüttet wurden unter einem Wust an Fragwürdigem.« Und einige Journalisten, die interessierte das Fragwürdige, Anrüchige, Pseudosensationelle immer mehr als die Leistung.

Manager, so haben Wolke und seine Boxer begriffen, sind nicht a priori halbseidene, abgefeimte Schurken. »Es gibt solche und solche, und wer die guten sucht, der findet sie auch. Ich hätte das früher nicht geglaubt, aber es ist so.« Ihre Personifizierung findet diese Überzeugung für Manfred Wolke in Wilfried Sauerland. Der Manager und Promoter sieht sich dabei in seiner »Unternehmens«-Philosophie in Übereinstimmung mit dem Coach: »Meine Aufgabe ist es, meine Leute ohne große Substanzverluste in möglichst kurzer Zeit nach oben zu bringen.« Als Knirps hatte ihn der Vater, ein Schreinermeister, mit nach Dortmund genommen. Dort wurden in den 50er Jahren Heinz Neuhaus oder Emil Koch als Ring-Matadore gefeiert. »Aber den Berufswunsch Box-Manager habe ich da bestimmt nicht mitbekommen«, sagt Sauerland, dem ein grundsolider Broterwerb in die Papiere eingetragen wurde. Industriekaufmann, »und das mit der Boxerei, das kam erst viel später«.

Wie wird man überhaupt so etwas wie Box-Manager? »Ein Ausbildungsberuf ist es nicht, leider nicht. Vielleicht wäre das angebracht, um sich so vor dubiosem Geschäftsgebaren einiger schwarzer Schafe in der Zunft zu schützen. Eine Lizenz allerdings muß man haben, will man anerkannt werden. Der Zufall führte Regie, als ich Kontakt zum Boxen bekam. In Afrika habe ich Brauereianlagen verkauft und dabei die Leute dort so von meinen Qualitäten überzeugt, daß man mir in Sambia 1977 die Vermarktung der besten Amateurboxer, das Management ihres Umstiegs zu den Profis, antrug. Da fing alles an.« Außenminister Banda wußte um die gediegenen Verbindungen Sauerlands in England, lockte mit dem Millionenkauf einer der Anlagen gegen den großen Durst, wenn der Deutsche das Boxtalent Lottie Mwale unter seine Fittiche nehmen würde. Sauerland willigte ein, brachte den jungen Mann nach London – und war, ehe er sich versah, Manager. Er erledigte den Nebenjob so perfekt, daß es ihm in Sambia alle Türen und Tore öffnete. »Wenn ich heute mit dem Staatspräsidenten sprechen möchte, dann klappt das innerhalb von wenigen Stunden. Andere brauchen für einen Termin mehrere Tage.«

Nach sechs Veranstaltungen in der sambischen Metropole Lusaka, schon mal vor 70 000 (!) Zuschauern, zog Sauerland mit seinen »schwarzen Perlen« auf den alten Kontinent – und entwickelte dort vor allem den Ugander John »The Beast« Mugabi zu einer Ringattraktion. Nach einer Serie von 25 K.-o.-Erfolgen verlor der 1986 in Las Vegas im Kampf um die Weltmeisterschaft im Mittelgewicht gegen Marvin Hagler. Drei Jahre später wurde Mugabi Champion im Superweltergewicht. Noch heute hat Wilfried Sauerland afrikanische Faustkämpfer unter Vertrag, die zumeist in den USA für ihn durch die Seile klettern. »Ein philanthropisches Entwicklungshelfer-Mäntelchen hänge ich mir aber nicht um. Die wissen, was sie an mir haben, und ich weiß sehr genau, was ich an ihnen habe.«

In Deutschland trat Sauerland erstmals am 26. September 1990 als Box-Veranstalter auf. 600 Zuschauer, davon 400 mit Freikarten – das entlockt dem Kosmopoliten heute ein Lächeln. Elf der 56 Kampfabende unter der Regie von Wilfried Sauerland waren Weltmeisterschaften. Er hat mit René Weller, 1984 bis 1986 Europameister im Leichtgewicht, und Graciano Rocchigiani, der es Ende der 80er Jahre zum Welt- und Europachampion brachte, Boxer betreut, denen zwar gewisse sportliche, aber nur zweifelhafte menschliche Qualitäten zugebilligt werden konnten. Er hat in Frankfurt/Main eine Reihe von Kampfabenden gemeinsam mit Ebby Thust veranstaltet, der ein paar Jahre darauf traurige Berühmheit als Graf-Erpresser erlangte und dafür einige Zeit Logis in einer fluchtsicheren Kleinstwohnung bei Vater Staat nahm. Kratzt

8. Runde
Der Prince ist tot, es lebe der König!

Sauerland hat ersteres mehrfach vorexerziert, letzteres nie verbrochen. Maske, zweifellos überdurchschnittlich, kam nach drei Jahren genau dort an, wohin ihn sein Manager bei der Vertragsunterzeichnung am 8. März 1990 prophezeit hatte: Ganz oben! Diesem 8. März waren Gespräche mit einem halben Dutzend »Kollegen« Sauerlands vorausgegangen. Solchen, die schnell durchschaubare Absahner-Konzepte präsentierten. Solchen wie der Hamburger Klaus-Peter Kohl, einst Präsident des Verbandes Deutscher Berufsboxer, der – so Wolke – »durchaus Vernünftiges anzubieten hatte«. Doch nach einem Winter-Wochenende im Sauerland-Chalet im malerischen Schweizer Gstaad und zwei Begegnungen in Berlin hatte Maske genug gehört: »Herr Sauerland hat das bessere Konzept.« Aus »Land unter« nach der Wende in der DDR wurde für Trainer Wolke und seinen Schützling wieder »Land in Sicht«. Der Coach über die Entscheidung: »Henry und ich waren sehr schweigsam, als wir vom Gespräch mit Sauerland nach Hause zurückfuhren. Jeder hat für sich gedreht und gewendet, wie es nun weitergehen wird. Fünf Kilometer vor Frankfurt habe ich dann gesagt: Henry, ich glaube, das war der Richtige. Und er hat geantwortet: Trainer, genau dasselbe habe ich auch gerade gedacht.« Wolke beglückwünscht sich bis heute für diese Entscheidung. »Daß Sauerland nach mehrjähriger Zusammenarbeit noch mit mir spricht, beweist eine funktionierende Kooperation. Denn ich bin nicht einfach, manchmal kein angenehmer Partner, habe meinen eigenen Kopf. Sauerland akzeptiert, daß das Sportliche unsere Sache ist, wir da das Sagen haben. Er redet uns nicht rein, und wir können uns darauf verlassen, daß er seinen Part mit der gleichen Hingabe und Zuverlässigkeit erledigt wie wir unseren. Man braucht nicht nur einen, der das Geld gibt, sondern auch einen, der beim ganz trivialen Alltag über den Sport hinaus hilft. Schließlich war das für uns eine völlig andere, unbekannte Welt. Wir wollten nicht den zahlungskräftigsten, sondern den seriösesten aus der Branche für uns.«

Wolke gibt anstandslos zu, mit Vorurteilen und schiefen Bildern vollgestopft gewesen zu sein, als er mit Henry Maske ankam in seinem zweiten Leben. Vorurteile, die häufig zumindest einen Kern von Wahrheit in sich trugen und so schnell bestätigt werden konnten. »Wir fanden eine katastrophale Situation in Profideutschland vor«, blickt der erfahrene Box-Lehrer zurück. »Sprücheklopper, müde Show, Jahrmarktstapeten mit dusseligem Zeugs über irgendwelche Tiger oder sonstige unbesiegbare Bestien« – das war doch alles so, wie man es in der DDR über das Berufsboxen, die dekadente Ausgeburt des Spätkapitalismus, gelernt hatte! »Aber da war eben auch noch etwas anderes. Da waren Leistungen, die einfach nur zugeschüttet wurden unter einem Wust an Fragwürdigem.« Und einige Journalisten, die interessierte das Fragwürdige, Anrüchige, Pseudosensationelle immer mehr als die Leistung.

Manager, so haben Wolke und seine Boxer begriffen, sind nicht a priori halbseidene, abgefeimte Schurken. »Es gibt solche und solche, und wer die guten sucht, der findet sie auch. Ich hätte das früher nicht geglaubt, aber es ist so.« Ihre Personifizierung findet diese Überzeugung für Manfred Wolke in Wilfried Sauerland. Der Manager und Promoter sieht sich dabei in seiner »Unternehmens«-Philosophie in Übereinstimmung mit dem Coach: »Meine Aufgabe ist es, meine Leute ohne große Substanzverluste in möglichst kurzer Zeit nach oben zu bringen.« Als Knirps hatte ihn der Vater, ein Schreinermeister, mit nach Dortmund genommen. Dort wurden in den 50er Jahren Heinz Neuhaus oder Emil Koch als Ring-Matadore gefeiert. »Aber den Berufswunsch Box-Manager habe ich da bestimmt nicht mitbekommen«, sagt Sauerland, dem ein grundsolider Broterwerb in die Papiere eingetragen wurde. Industriekaufmann, »und das mit der Boxerei, das kam erst viel später«.

Wie wird man überhaupt so etwas wie Box-Manager? »Ein Ausbildungsberuf ist es nicht, leider nicht. Vielleicht wäre das angebracht, um sich so vor dubiosem Geschäftsgebaren einiger schwarzer Schafe in der Zunft zu schützen. Eine Lizenz allerdings muß man haben, will man anerkannt werden. Der Zufall führte Regie, als ich Kontakt zum Boxen bekam. In Afrika habe ich Brauereianlagen verkauft und dabei die Leute dort so von meinen Qualitäten überzeugt, daß man mir in Sambia 1977 die Vermarktung der besten Amateurboxer, das Management ihres Umstiegs zu den Profis, antrug. Da fing alles an.« Außenminister Banda wußte um die gediegenen Verbindungen Sauerlands in England, lockte mit dem Millionenkauf einer der Anlagen gegen den großen Durst, wenn der Deutsche das Boxtalent Lottie Mwale unter seine Fittiche nehmen würde. Sauerland willigte ein, brachte den jungen Mann nach London – und war, ehe er sich versah, Manager. Er erledigte den Nebenjob so perfekt, daß es ihm in Sambia alle Türen und Tore öffnete. »Wenn ich heute mit dem Staatspräsidenten sprechen möchte, dann klappt das innerhalb von wenigen Stunden. Andere brauchen für einen Termin mehrere Tage.«

Nach sechs Veranstaltungen in der sambischen Metropole Lusaka, schon mal vor 70 000 (!) Zuschauern, zog Sauerland mit seinen »schwarzen Perlen« auf den alten Kontinent – und entwickelte dort vor allem den Ugander John »The Beast« Mugabi zu einer Ringattraktion. Nach einer Serie von 25 K.-o.-Erfolgen verlor der 1986 in Las Vegas im Kampf um die Weltmeisterschaft im Mittelgewicht gegen Marvin Hagler. Drei Jahre später wurde Mugabi Champion im Superweltergewicht. Noch heute hat Wilfried Sauerland afrikanische Faustkämpfer unter Vertrag, die zumeist in den USA für ihn durch die Seile klettern. »Ein philanthropisches Entwicklungshelfer-Mäntelchen hänge ich mir aber nicht um. Die wissen, was sie an mir haben, und ich weiß sehr genau, was ich an ihnen habe.«

In Deutschland trat Sauerland erstmals am 26. September 1990 als Box-Veranstalter auf. 600 Zuschauer, davon 400 mit Freikarten – das entlockt dem Kosmopoliten heute ein Lächeln. Elf der 56 Kampfabende unter der Regie von Wilfried Sauerland waren Weltmeisterschaften. Er hat mit René Weller, 1984 bis 1986 Europameister im Leichtgewicht, und Graciano Rocchigiani, der es Ende der 80er Jahre zum Welt- und Europachampion brachte, Boxer betreut, denen zwar gewisse sportliche, aber nur zweifelhafte menschliche Qualitäten zugebilligt werden konnten. Er hat in Frankfurt/Main eine Reihe von Kampfabenden gemeinsam mit Ebby Thust veranstaltet, der ein paar Jahre darauf traurige Berühmheit als Graf-Erpresser erlangte und dafür einige Zeit Logis in einer fluchtsicheren Kleinstwohnung bei Vater Staat nahm. Kratzt das nicht erheblich am Lack des »Gentleman« Sauerland? »Ich habe keine Probleme damit«, sagt der. »Ich habe in 15 Jahren soviel Geld in das Boxen gesteckt, daß man mir den wahren Fan getrost abnehmen kann. Weller oder ›Rocky‹, das waren Faustkämpfer, die zogen, die, wenn sie sich auf ihre Arbeit konzentrierten, auch was Ordentliches ablieferten. Allerdings haben sie ihren Job eben manchmal alles andere denn professionell erledigt. Und da fängt der Ärger an. Ich muß mich darauf verlassen können, daß in diesem Geschäft Berechenbarkeit eine feste Größe bleibt. Und ›Rocky‹ zum Beispiel, der war häufig schlichtweg unberechenbar. Dabei habe ich ihm immer wieder eine Chance gegeben, und noch eine, und noch eine. Ich bin unter meinesgleichen eher ein Vertreter der stillen Gangart.«

Weil das so ist, würde Sauerland auch für die Zukunft niemals ausschließen, Boxer ähnlicher Couleur zu verpflichten. Ja, eine Zeitlang, ehe der extrovertierte Berliner im Streit von dannen zog und sich bei der Kohl-Konkurrenz in Hamburg verdingte, hatte er sowohl Rocchigiani (meist als Hauptkämpfer) als auch Maske unter Vertrag. »Ich mache kein Hehl daraus, welcher Typ Boxer mir lieber ist, aber als Manager kann ich es mir doch gar nicht leisten, auf einen Top-Mann zu verzichten, wenn ich ihn haben kann. Einzige Bedingung: Er muß mitrudern, wenn das Boot losfährt.« Das tut sein Vorzeige-Schützling Henry Maske, und mehr als das.

»Endlich mal ein Boxer mit Grips im Kopf«, hatte Sauerland festgestellt, als man 1990 die Zusammenarbeit begann. »Mit dem Ende der DDR taten sich plötzlich Alternativen auf, an die vorher gar nicht zu denken war. Eine ganz andere Generation, eine ganz andere Art von Athleten. Die nahmen ihren Sport als ernsthaften Beruf und nicht als Hobby. Ich war seit langem davon überzeugt, daß das Berufsboxen nur überleben kann, wenn sich die technische Seite wieder stärker durchsetzt. Und die verkörpert Henry auf wahrlich ideale Weise. Der spielt Schach im Ring.« Maskes Erscheinen sorgte schließlich für das Comeback des 1990 längst boxmüden Managers Wilfried Sauerland. Der hatte »hinschmeißen« wollen, zermürbt von den Skandalen und Eskapaden Graciano Rocchigianis, die für ihn auch geschäftlich die Verlustrechnung in die Höhe trieben.

»Im Grunde war ich mit dem Profiboxen fertig«, sagt der 55jährige, am 29. Februar im Schaltjahr 1940 geboren. »Ich hatte immerhin einen Ruf zu verlieren, nicht nur in den Boxhallen. Und was da ablief, das stank mir gewaltig. Das Thema war beendet. Da sah meine Frau Simone in einer Sonntagszeitung ein Bild von Henry, war total begeistert und sagte plötzlich, obwohl sie mich immer weghaben wollte vom Boxen: ›Wenn du es überhaupt noch mal mit einem versuchst, dann mit dem!‹ Frauen haben den besonderen Instinkt. Wenn sie solch ein Gefühl haben, dann muß an dem Mann was dransein. Ich habe sofort einen Freund angerufen, den Kontakt hergestellt – und bin am Montag nach Berlin gefahren. Ein paar Stunden später waren wir uns einig.«

Sauerland bezeichnet heute die Vertragsunterzeichnung am 8. März 1990 als einen »Glücksgriff«. Er hat alles richtig gemacht, sein ihm nachgesagtes Gespür für die »big points« machte ihn mit Maske zum Gewinner. Das Profiboxen boomt. Seit Anfang 1993 wurde in deutschen Landen dreizehnmal um Weltmeisterschaften geboxt, allein siebenmal trat dabei der Frankfurter in eindrucksvolle Aktion. Fast ein ganzes Jahrhundert davor bringt dagegen nur zwölf WM-Auftritte mit deutscher Beteiligung vor heimischem Publikum zusammen. Und Sauerland begann erstmals halbwegs gut zu verdienen. Dank der Eintrittsgelder, der Werbung, dank der sechs- und siebenstelligen Summen aus dem Verkauf der TV-Rechte an die privaten Fernsehanstalten – in diesem Falle RTL – begann sich die Investitionsschere des Promoters allmählich zu schließen. Alles zusammen betrachtet seit den 70er Jahren, sei sein Engagement zwar immer noch ein Minusgeschäft, aber nehme man nur den Zeitraum mit dem Team Wolke, »dann schreibe ich schwarze Zahlen«.

Immer wieder wurde Sauerland gefragt, ob er sich das vier, fünf Jahre davor auch nur eine Sekunde lang habe vorstellen können: volle Riesenarenen, honore Gesellschaft am Ring, Enthusiasmus. »Meine ebenso beliebte, weil ehrliche Antwort darauf lautet jedesmal: Nein, Sie etwa?« Logisch, daß die Kooperation nach den vereinbarten fünf Jahren Vertragslaufzeit, die am 1. April 1995 vorüber waren, nicht endete. »Wir wollen sogar noch längerfristiger zusammenarbeiten als bisher«, bekundet Manfred Wolke, der sich um die detaillierten Konditionen in den Wochen vor der Verlängerung keine Gedanken machte. »Es gibt da so etwas wie Vertrauen, und außerdem verlängert sich der Vertrag sowieso automatisch um ein Jahr, wenn keine der beiden Seiten kündigt.«

Wilfried Sauerland, 1990 ein Box-Entmutigter, ist fünf Jahre später einer, der in die Zukunft plant und träumt. »Henry Maske ist für mich ein Boris Becker des Boxens geworden. Nicht nur, was die Leistung, sondern vor allem auch, was die öffentliche Annahme angeht. Jetzt wollen wir dabei nicht stehenbleiben, sondern es dem Tennis nachmachen. So wie Boris viele kleine Beckers gefolgt sind, sollen dem Henry viele Maskes folgen.« Sauerland als Architekt eines soliden Zukunftsgebäudes im deutschen Berufsboxen – eine Vorstellung, die dem Mittfünfziger gefällt. Ein bißchen Eitelkeit ist schließlich auch für den erlaubt, der sich in der Regel dezent zurücknimmt. Seit Henrys Meisterstück gegen Charles Prince Williams ist der Boxer nicht mehr auf die Garantiesummen aus Sauerlands Börse angewiesen, finanziert er sich über die Kampfbörsen weitgehend selbst. Die Zusammenarbeit hat das nicht verändert.

»Wir liegen auf einer Wellenlänge«, empfindet Winfried Sauerland und geht sogar mehrere Schritte weiter: »Wir sind Freunde. Das Verhältnis Maske/Sauerland bleibt nicht bei der reinen Manager-Boxer-Beziehung stehen.« Über die hatte Bertolt Brecht in seinem Fragment für den geplanten Boxerroman »Das Renommee« nachgedacht und als Grundmuster gefunden, daß »der Manager aus seinem Mann einen anständigen Kampf herausholt, denn sein Mann ist sein Kapital, und wenn der Boxer schlecht boxt, dann werden für den Manager die Rumpsteaks rar«. Für Sauerland sind die Steaks mit Maske nicht rar geworden, im Gegenteil. Wohl auch, weil da mehr war und ist als eine Zweckgemeinschaft zwischen boxendem Kapital und einem, der damit zu spekulieren versteht. Es gibt nun mal nicht so sehr viele Spitzensportler, die freiwillig Urlaubstage mit ihrem Promoter und Manager verbringen.

Sauerland beschreibt sein Verhältnis zu Maske als »eine sehr gute persönliche Beziehung«. Ihm gefalle, wie der Mann

Ein Grand mit Vieren: Trainer Manfred Wolke, Champion Henry Maske, Manager und Promoter Wilfried Sauerland, und last but not least Jean-Marcel Nartz, Matchmaker, guter Geist und unermüdlicher Organisator bei Maskes erfolgreichen Profi-Auftritten (v.l.n.r.). Ein Weltmeister-Gürtel für alle!

aus dem Osten mit seiner Familie umgehe. Daß die der ruhende Mittelpunkt sei, der den Boxer letztlich auch sportlich stark mache. Und er erzählt die Geschichte ganz vom Anfang ihrer Bekanntschaft, als Maske für ihn zunächst einmal nur »ein netter junger Mann« war. Da hatte Sauerland dem Frankfurter einen BMW aus der 3er-Serie angeboten und verblüfft die Antwort erhalten, daß Maske den kleineren Golf vorziehen würde. »Im Westen hätte man da nur gesagt: Wieso einen aus der 3er-Serie, ich brauche einen 5er BMW. Auch wenn sich äußere Umstände ändern, ich glaube in keiner Sekunde, daß Henry mal abrutschen könnte.«

Der noble Geschäftsmann, der der Vater des Box-Ästheten sein könnte, geht auch deshalb davon aus, daß die Partnerschaft nicht mit Henry Maskes letztem Ringauftritt enden wird. »Da ist jetzt einfach eine andere Ebene drin, und fürs Boxen werden wir wohl beide in irgendeiner Form weiter was tun.« Der Champion und sein Manager, der König und der Königsmacher.

8. Runde
Der Prince ist tot, es lebe der König!

Der Kampf der Kämpfe – 7000 Zuschauer, in der Mehrheit Maske-Fans, nur minoritär Maske-Skeptiker, waren in Düsseldorf Augenzeugen, wie der Mann aus Frankfurt (Oder) im teuersten WM-Kampf auf deutschem Boden (Gesamtetat 1,52 Millionen DM) die Dauerfrage beantwortete, ob er das Zeug zum Champion hat oder nicht.
Zwei lange Jahre mußte er auf diesen Tag warten. Zunächst geduldig und lernend, weil der Rhythmus des Profiboxens nicht mit dem des Amateur-Faustkampfes zu vergleichen ist. Das sei etwa so problematisch wie einen Hundertmeter-Sprinter zu einem Weltklasse-Marathonläufer umzuschulen, orakelt »Die Zeit« bei Maskes Berufseintritt. Und der mit allen Erfolgsweihen bei Olympia, WM und EM ausgestattete Athlet – »Was da war, zählt jetzt gar nichts mehr« – beschreibt die Umstellung so: »Du mußt wie ein Motor anspringen, aber auch auf ruhiger Flamme kochen können.«

Meine Rezepte
EP:

VIP

9. Runde
Von Hembrick bis Marcus

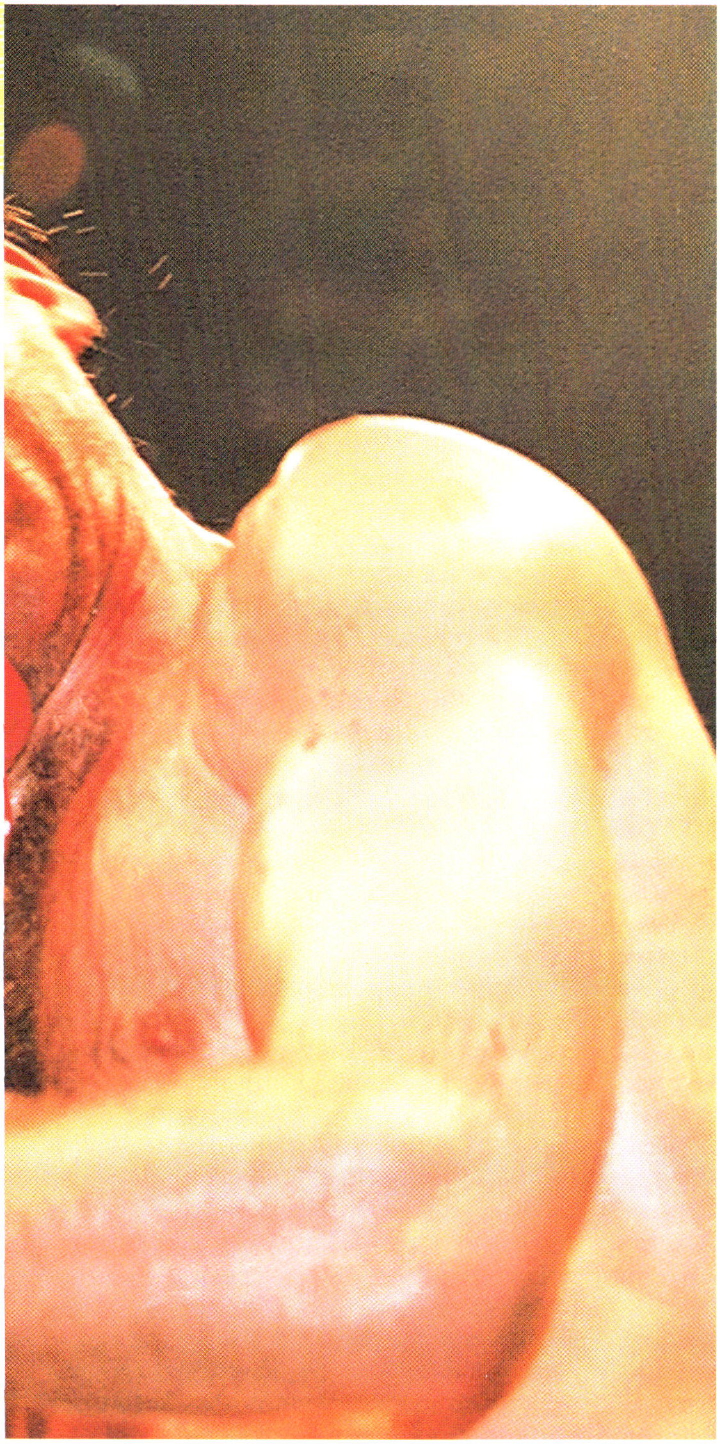

»Der Tag, an dem du anfängst zu denken, daß du der Beste bist, ist der Tag, an dem du schlechter wirst.«
Das hört sich gut an, und das haben schon andere vor Henry Maske so oder ähnlich gesagt. Eben weil es sich gut anhört. Nur wenige aber in seinem Metier, in dem die Branchen-Prosa verbale Kraftmeierei nahezu vorschreibt, haben das so ernst genommen wie der Frankfurter. Für den fing die wichtigste Runde nach den zwölf faustharten vom 20. März in Düsseldorf erst an.

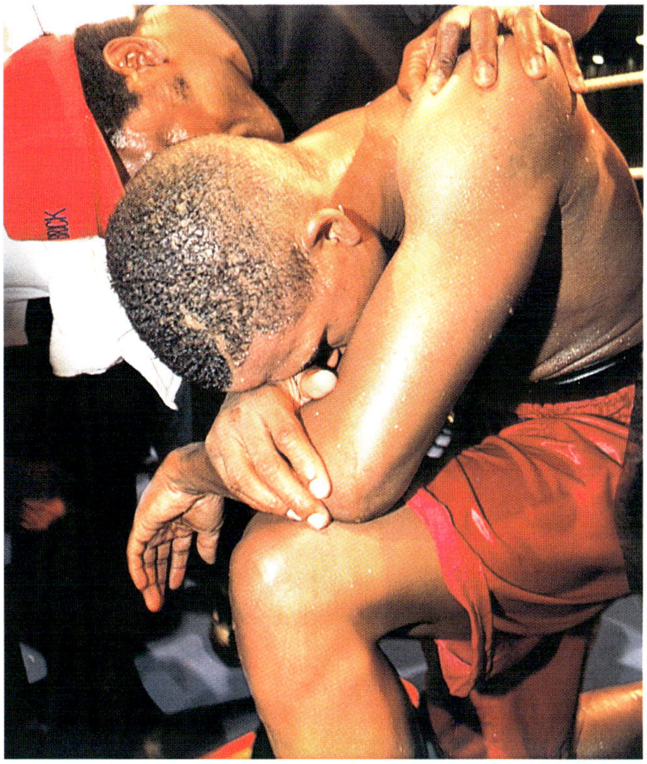

»Der Tag, an dem du anfängst zu denken, daß du der Beste bist, ist der Tag, an dem du schlechter wirst.«
Das hört sich gut an, und das haben schon andere vor Henry Maske so oder ähnlich gesagt. Eben weil es sich gut anhört. Nur wenige aber in seinem Metier, in dem die Branchen-Prosa verbale Kraftmeierei nahezu vorschreibt, haben das so ernst genommen wie der Frankfurter. Für den fing die wichtigste Runde nach den zwölf faustharten vom 20. März in Düsseldorf erst an.

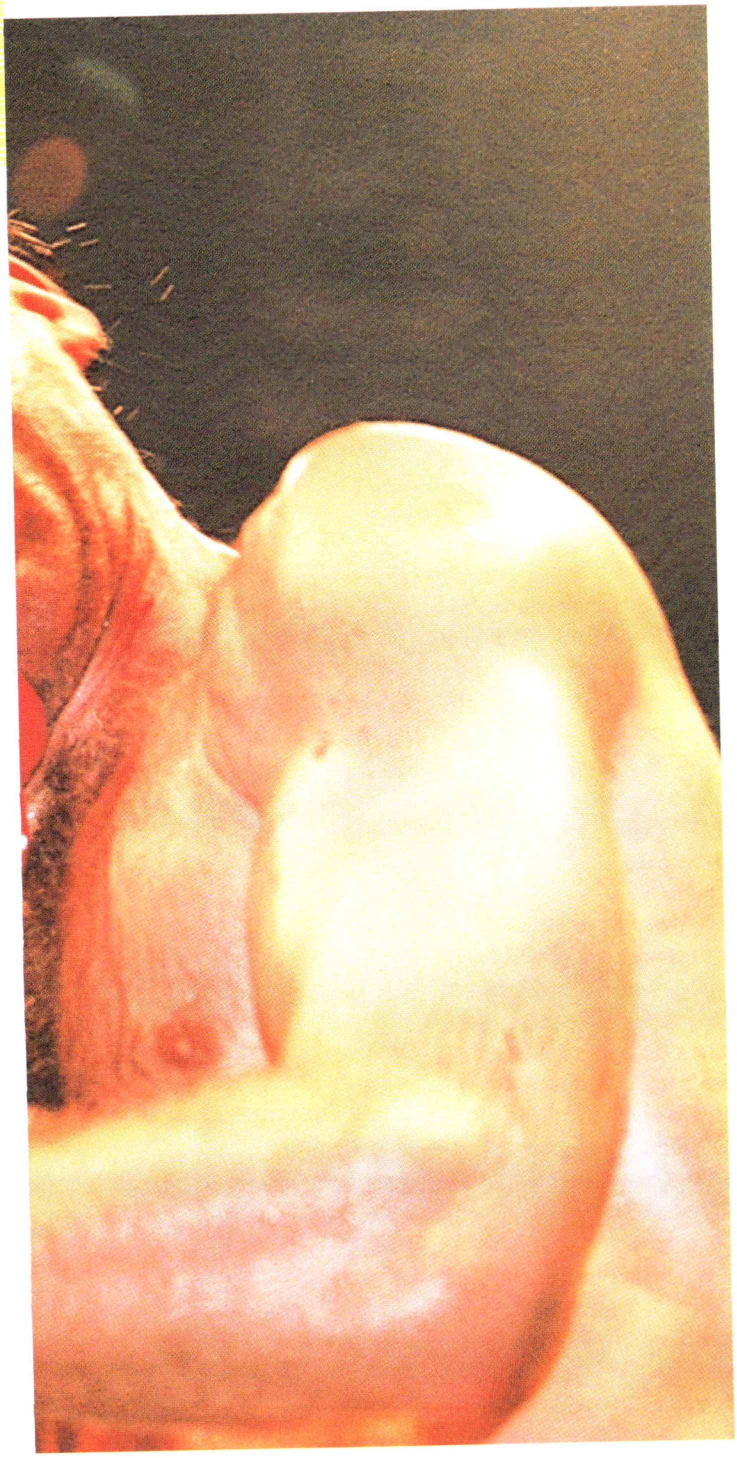

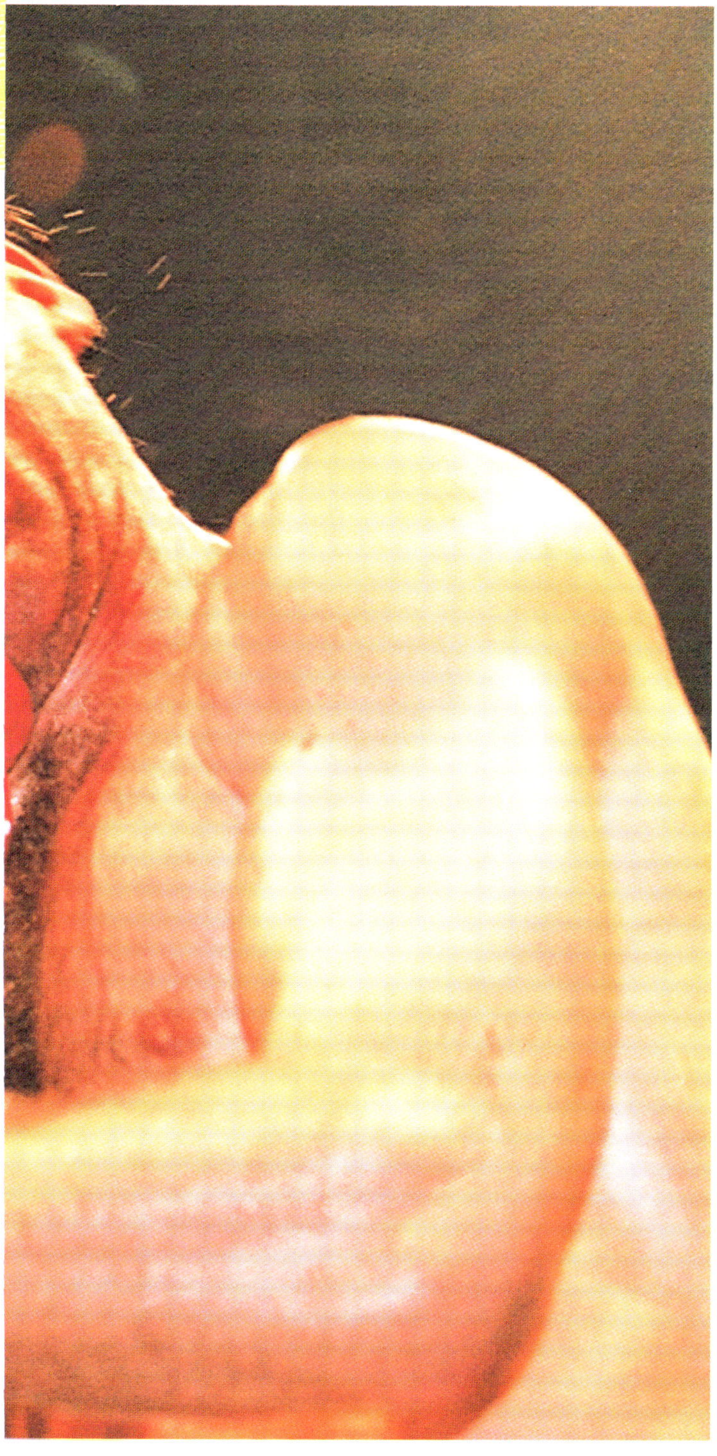

»Der Tag, an dem du anfängst zu denken, daß du der Beste bist, ist der Tag, an dem du schlechter wirst.«
Das hört sich gut an, und das haben schon andere vor Henry Maske so oder ähnlich gesagt. Eben weil es sich gut anhört. Nur wenige aber in seinem Metier, in dem die Branchen-Prosa verbale Kraftmeierei nahezu vorschreibt, haben das so ernst genommen wie der Frankfurter. Für den fing die wichtigste Runde nach den zwölf faustharten vom 20. März in Düsseldorf erst an.

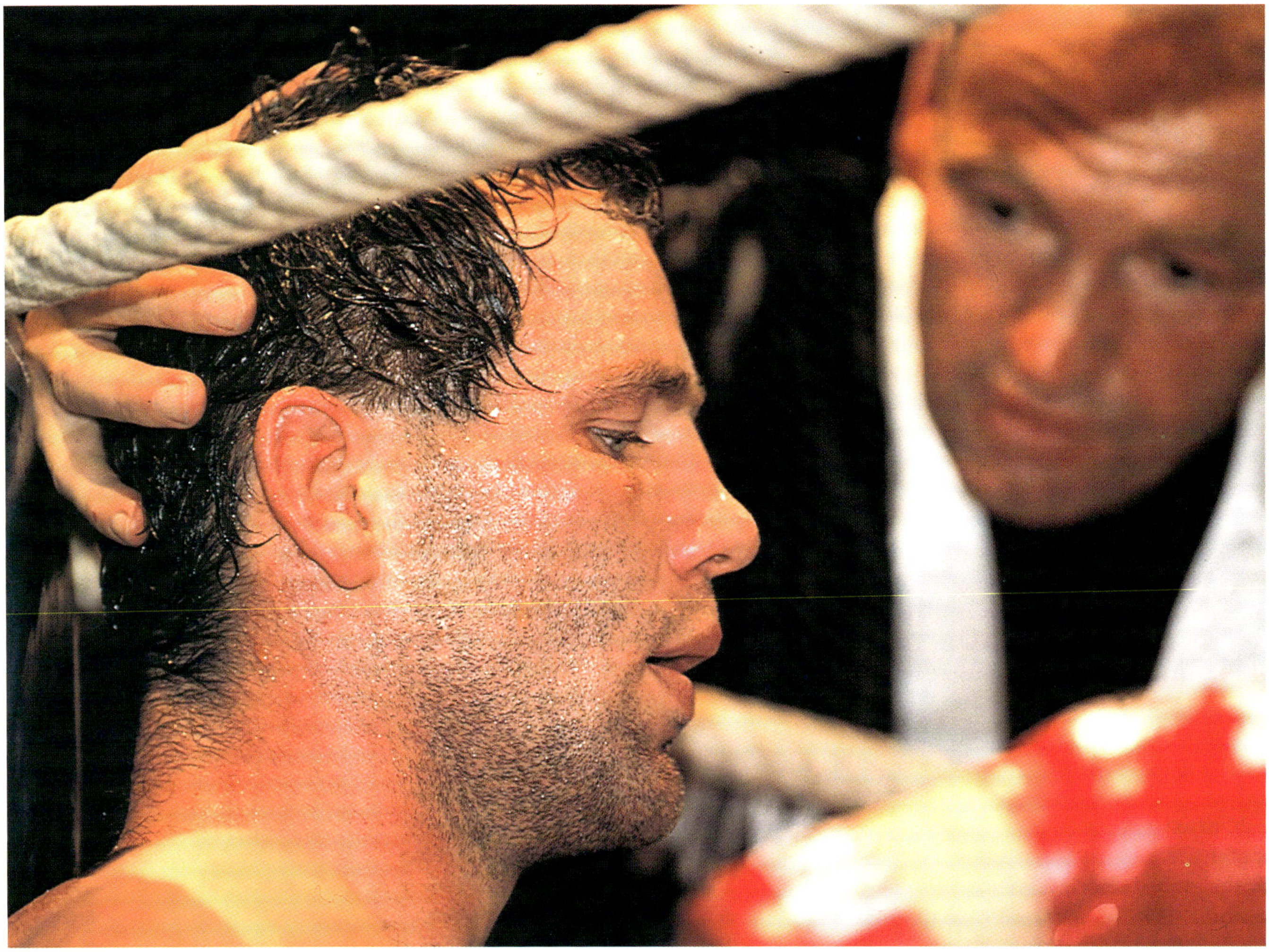

ker mit beschränkten Möglichkeiten und vielen Mätzchen. Auch diesmal sagten die Zahlen zwar nicht alles, aber viel: 118:109, 120:108 und 120:107 – nichts da von einer Herausforderung durch den boxerisch überaus limitierten Vedder. Maske, als gerade gekürter »Sportler des Jahres« in die abermals ausverkaufte Philipshalle gekommen, hatte gegen den überfallartig, aber zumeist unsauber angreifenden Kalifornier wenig Gelegenheit zu glänzen. Kurioser Höhepunkt des vom deutschen Ringrichter Norbert Krosch wort- und gestenreich geleiteten Gefechts: In der 9. Runde schnappte sich der hilflose Vedder, der in seinem vierten WM-Kampf ohne Sieg blieb, den verdutzten Maske und beförderte ihn mit einem Ringergriff, der jedem Mattenfuchs zur Ehre gereicht hätte, in den Ringstaub. »Das war das Schärfste, seitdem ich 1989 mal von einem Kubaner in die Schulter gebissen worden bin«, erinnerte sich der Champion nach der handgreiflichen Einlage.

Vedder, der gegen Maske im 30. Kampf seine 13. Niederlage bezog, hatte sich zuvor alles ganz anders vorgestellt, wollte Maske ausgerechnet mit dessen eigenen Waffen schlagen. »Maskes bisherige Gegner waren Kopfjäger, sie wollten ihn unbedingt ausknocken. Ich schlage auf den Körper. Er ist ein taktierender Stilist, ein Geradeaus-Boxer, der immer gleich kämpft. Ich ändere mich ständig. Nicht ich muß mich auf Maske einstellen, er muß sich auf mich einstellen.« Pure Vermessenheit des Ex-Karateka und Busfahrers, für den daheim in San José acht Kinder die Daumen drückten. Das ständige »Head up« des Ringrichters wegen Vedders »tiefen« Kopfes erhielt für den schon frühzeitig geschlagenen Amerikaner eine Doppelbedeutung, von der er vor dem ersten Gong nichts geahnt hatte: Kopf hoch!

Unrasiert und fern der Heimat – aber im Boxring hatte Maske bisher auf alle Fragen eine Antwort.

Henry Maske, in der Vorbereitung durch eine schwere Angina gehandicapt und diverse PR-Termine beansprucht, nahm den 93er Ausstand – erstmals war Ehefrau Manuela bei einem WM-Kampf dabei – trotz der fehlenden »Sahnestückchen« ausschließlich positiv: »Wenn ich mit der Situation von vor zwölf Monaten vergleiche, war das ein Super-Jahr.« In der Tat: Drei erfolgreiche WM-Auftritte, die Geburt der zweiten Tochter, der Sieg bei der Sportler-Wahl – Maske, der Gewinner.

Dieses Etikett für den Frankfurter mußte 1994 nicht gewechselt werden. Zwei seiner drei Weltmeisterschaftskämpfe – gegen Ernesto Magdaleno und Iran Barkley – endeten vorzeitig durch technischen K.o., den dritten gewann er sicher nach Punkten gegen den starken Italiener Andrea Magi. Die Popularitätskurve der späten Schmeling-Wiederauferstehung setzte ihren schwindelerregenden, steilen Anstieg fort. RTL feierte Einschaltrekorde, schloß einen Acht-Millionen-Mark-Fernsehvertrag mit mehrjähriger Option ab, um sich die Goldader zu sichern. Henry Maske wurde zum idealen Werbeträ-

ger – welchen Marketingstrategen freut es nicht, wenn auf seine Produkte übertragen, was Maske zugesprochen wird: Ehrlichkeit, Bescheidenheit, Charakter, Moral, Kampfgeist, Wärme, Gefühl. Literaten, Maler, Musiker, Entertainer rissen sich um den Boxer, saßen in den Ehrenreihen am Ring, um das seltene Werk der Verschmelzung von Körper und Geist zu erleben. Die Sehnsucht nach der unverschämten Direktheit der Auseindersetzung stillten die Prominenten mit dem seltsam gemischten Gefühl schaurigen Entsetzens und anziehender Lust.

1994 – welch ein Jahr für Henry Maske! Seine Kämpfe waren Höhepunkte gigantischer Aufführungen, die in ihrer dramatischen wie finanziellen Dimension kaum noch steigerbar erscheinen. Der Ringsprecher eigens aus den USA eingeflogen, Maskes Mäntel von Dichtern und Malern gestaltet, eine Lasershow, die in einer pyromanischen Maske-Huldigung endet. Ob der Rahmen zu groß wird für das Bild, darüber mag man streiten. Aber gefeiert wurde und wird der Boxer aus dem Osten allemal zu Recht.

Daß der Künstler Maske kein harter Arbeit entwöhnter, verzärtelter Ästhet ist, bewies er am 26. März 1994 vor 12 500 Zuschauern in der überfüllten, vor Emotionen brodelnden Dortmunder Westfalenhalle. Der Abbruchsieg in der 9. Runde gegen den US-Amerikaner Ernesto Magdaleno, einen, den man boxprosaisch gern als »pitbull« bezeichnet, geriet dem Champion zur beeindruckenden Demonstration.

Nur einer kann gewinnen. Es ist »Sir« Henry und nicht »Sonnyboy« Anthony Hembrick, dem es nach dem Fight »schlecht ist«.

»Heute habe ich auch Leute überzeugt, die immer nur vom Stilisten, Techniker oder gar Künstler Maske reden. Jeder hat gesehen, daß Ernesto Magdaleno über enorme physische Qualitäten verfügt, bedingungslos nach vorn marschiert ist. Das war verdammt schwere Arbeit.« Arbeit, die man in Maskes Gesicht ablesen konnte, als Ringrichter Sam Williams das Stoppzeichen in der schlagstarken Begegnung setzte, weil dem 31jährigen, schwer gezeichneten Herausforderer nach genauen Geraden Maskes zum Kopf beide Augen zugeschwollen waren und ein offener Riß, der später mit 15 Stichen genäht werden mußte, keine andere Wahl ließ.

»Ich brauchte einige Zeit, um mich durchzusetzen. Zeit, um Magdaleno klarzumachen, wer der Chef im Ring ist«, schilderte Maske den Kampf. Der hatte Spuren hinterlassen, auch bei Henry: rechtes Auge dick, linkes Auge treffergerötet, Schwellung am Jochbein, Bluterguß am Hals. Der gedrungene Ex-Footballer aus Westminster, bis dahin in 19 Profi-Fights ungeschlagen, versuchte genau das, was Maske-Kenner aus alten und neuen Zeiten als einziges Siegrezept gegen den Rechtsausleger empfehlen: »Den muß man überrennen, mit einem Trommelwirbel von Schlägen zudecken, so daß er gar nicht zur Besinnung kommt.« Das hat unter den Berufsboxern noch keiner geschafft, und auch der vom übelbeleu-

I.B.F
TANGO

Die Neuauflage des Olympia-Finales von Seoul 1988 am 11. Februar in der Frankfurter Festhalle: Henry Maske kontra Egerton Marcus. Der Kanadier wehrt sich nach Kräften, muß aber schließlich froh sein, über die 12 Runden zu kommen. Henry Maske bleibt der Souverän, der Herr des Ringes.

Der Boxer
Henny Maske
und CAMER
NKOMÖDIE DE
MASKE

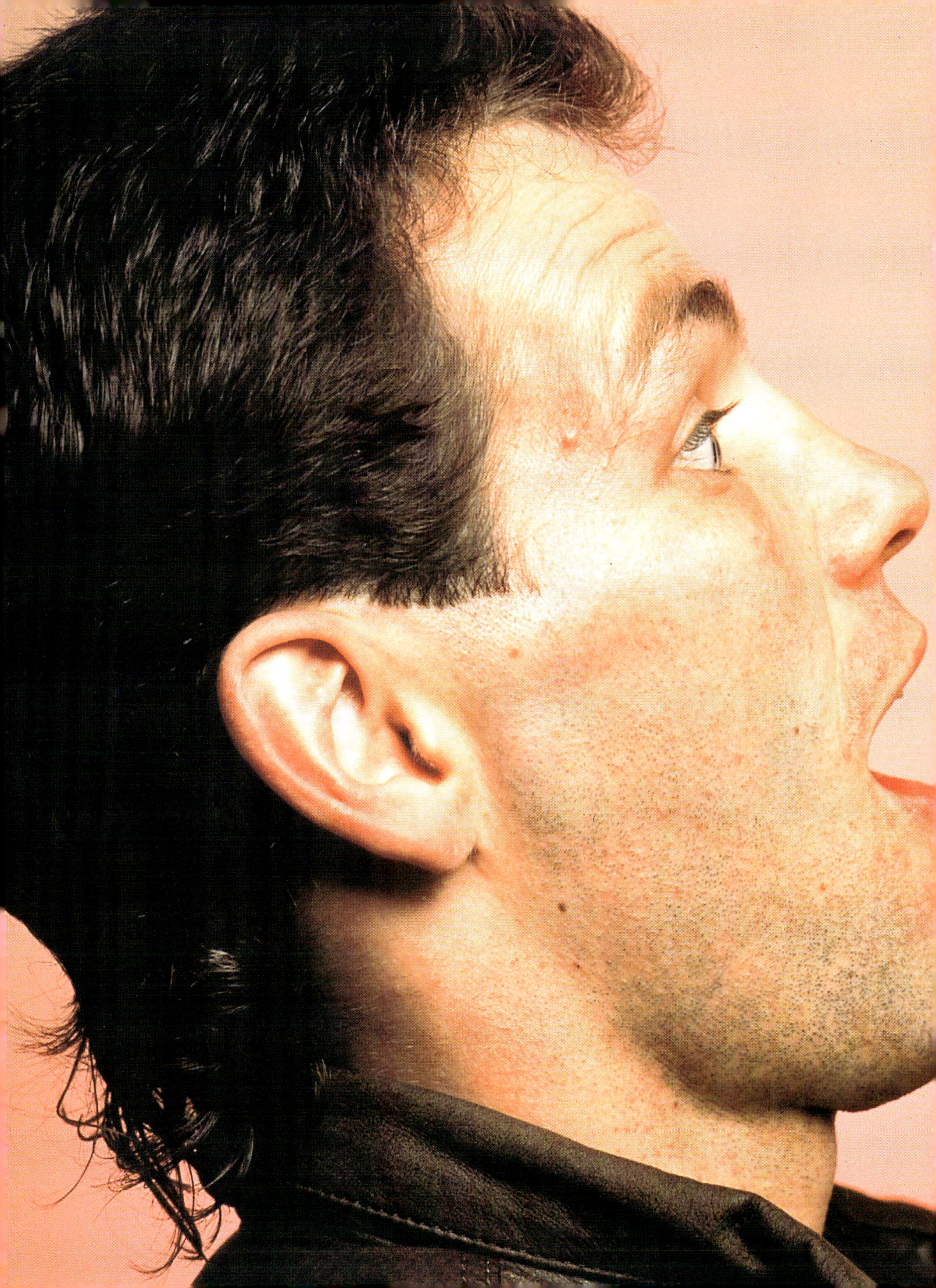

Henry Maske privat: mit Ehefrau Manuela, mit Tochter Lina und vor dem Ende 1994 neu bezogenen Haus. – Und Henry Maske als Vorbild für Teenager: Immer mehr wollen werden wie er.

der DDR gehabt. Alle Ossis sind faul, alle Wessis arrogant. Alle Ossis sind unbeweglich, alle Wessis verlogen. »Daß Herkunft allein den Charakter bestimmt, ist doch totaler Quatsch.« Im Westen hat Maske längst Freunde gefunden, im Osten Freunde behalten. Hier wie da gibt es Leute, die er nicht ausstehen kann, »eine ganz normale Geschichte«.

Bis Ende 1994 hat Henry Maske im Frankfurter Neubau-Schick gewohnt. Im 15. Stock eines Plattenbau-Hochhauses, auf 65 Quadratmetern mit Frau und zwei Kindern. Anonymität des Daseins: Es brauchte Minuten, ehe das Klingelbrett-Puzzle zusammengefügt, alles abgegrast und die schlichte Verkündung »Henry Maske« ausgemacht war. Ein Weltmeister unter Eisenbahnern, Fahrlehrern, Fahrkartenverkäuferinnen, Handelskauffrauen, Umschülern, Jobsuchenden. Ein Mitglied der »Hausgemeinschaft«, wie man es dazumal genannt hätte. In der Diele, von der die Wohnungen abgehen, steht eine Sitzgruppe, an der Wand auf einem Bord ein Fernsehgerät. An der Decke ist in einem Kreis zu lesen: »1.10.1988 Seoul – Olympiagold, Henry Maske«.

Gefeiert wurde im Kollektiv, »und die Feiern hatten es in sich«, erzählt Maskes ehemaliger Nachbar Jürgen Raschke, einst zehn Jahre Bauleiter und heute in einer Qualifizierungsgesellschaft beschäftigt, mit dem unüberhörbaren Bedauern, daß das wohl nun mit dem Auszug der Weltmeister-Familie vorbei ist. »Bei uns hier oben, da standen alle Türen offen«, erinnert er sich an die besondere Etagen-Harmonie. »Wer wollte, kam raus und hat gequatscht, wer nicht, der blieb in seiner Bude. Und wenn Henry nach einem Erfolg zurückkam, dann haben wir den roten Teppich ausgerollt, Blumen geholt und Beifall geklatscht.« Den Weltmeister-Gürtel, den Maske Williams abgenommen hatte, durften alle mal um die mehr oder weniger schlanken Hüften legen. Man fuhr zusammen mit dem Kleinbus in den Wörlitzer Park, Dampfer auf der Berliner Spree, legte auf der Etage Matratzen aus und absolvierte unter der Anleitung von Henrys erster Frau Anke, erst Krippenerzieherin und später Physiotherapeutin beim ASK, anhand aus Holland mitgebrachter Videokassetten Aerobic-Lektionen, mit Kind und Kegel. »Ein Mordsspaß«, sagt Raschke und erzählt mit hintersinniger Freude, wie er Maske mal bei einem gemeinsamen Angeltrip reingelegt und einen Drei-Pfund-Karpfen an den Haken gebunden hatte. »Da war ich Sieger«, grinst er heute noch. Wie die anderen schwört er auf Maske, schätzt ihn dafür, daß er »einer von uns« geblieben ist. Der habe sich auf »seiner Etage« immer sehr wohl gefühlt – ob als sportlicher Lehrling, ob als Olympiasieger, ob als Profi-Weltmeister.

Und Maske wußte zu schätzen, was er an seinem Zuhause hatte. Zu unterscheiden zwischen »echt« und »falsch«, zwischen »Wahrheit« und »Phrase« hatte er im realen Sozialismus gelernt. Zunächst im Kleinen, in seinem angestammten Metier, dem Sport. Auch da gab es den tagtäglichen Umgang mit Anschiebern und Verhinderern, mit Marschierern und Trittbrettfahrern, mit Aufrechten und Lügnern. Die Guten ins Töpfchen, die Schlechten ins Kröpfchen. Armee, Spitzensport, Partei – die DDR hat Maske wie im Brutkasten er-

Als Henry Maske in Düsseldorf die 11. Runde erreicht hat, ist das wichtigste seiner Ziele schon verwirklicht: Nicht Williams, der Noch-Weltmeister, hat den Kampf »gemacht«. Maske, der Herausforderer, bestimmt den Rhythmus, tut das, was die Punktrichter in WM-Kämpfen so schätzen: Er demonstriert, daß er den Titel haben will. Das heißt Mut, Initiative, Konzentration, Stärke. Und Williams, überrascht von der Siegesbereitschaft des Kontrahenten, wird die Gedanken nicht los, daß er den Weltmeister-Gürtel nie wieder tragen darf. Eine Last, die ihn zum Verlierer macht, auch wenn er sich verzweifelt wehrt. 11 Runden – danach fehlen Maske noch drei Minuten zum Champion. Läppische drei Minuten nach drei Jahren Träumen, Hoffnungen, Zweifeln, Schweiß, Zuversicht. Drei Minuten bis zum Champion – und dann ist alles anders und genauso wie zuvor. Maske bleibt Maske. Für seine Anhänger, für die Medien, für Sponsoren und Werbepartner

11. Runde
Ich bin ich

AMERICAN

12. Runde
Zukunftsmusik: Do it again, Henry!

Das Ende aller Leiden ist der Anfang neuer Leiden. Vor allem aber erst mal das orgiastische Gefühl des Triumphes. Des Sieges gegen den starken Kontrahenten, des Sieges über die eigene Erschöpfung, den Drang, die Fäuste sinken und sich einfach fallen zu lassen. Eine Dreiviertelstunde nach Mitternacht, nicht mehr am 20. März, als der Kampf begann, sondern am Tag danach, schrie es Ringsprecher Jochen Hageleit in den Dunst der Philipshalle, in die vor Erregung kochende, tobende Menschenmenge: »Und hier das Urteil: Neuer Weltmeister im Halbschwergewicht – Henry Maske, Deutschland!«. Werner Schneyder, wie 7000 bewegt, mitgerissen, erhoben, versuchte vor dem

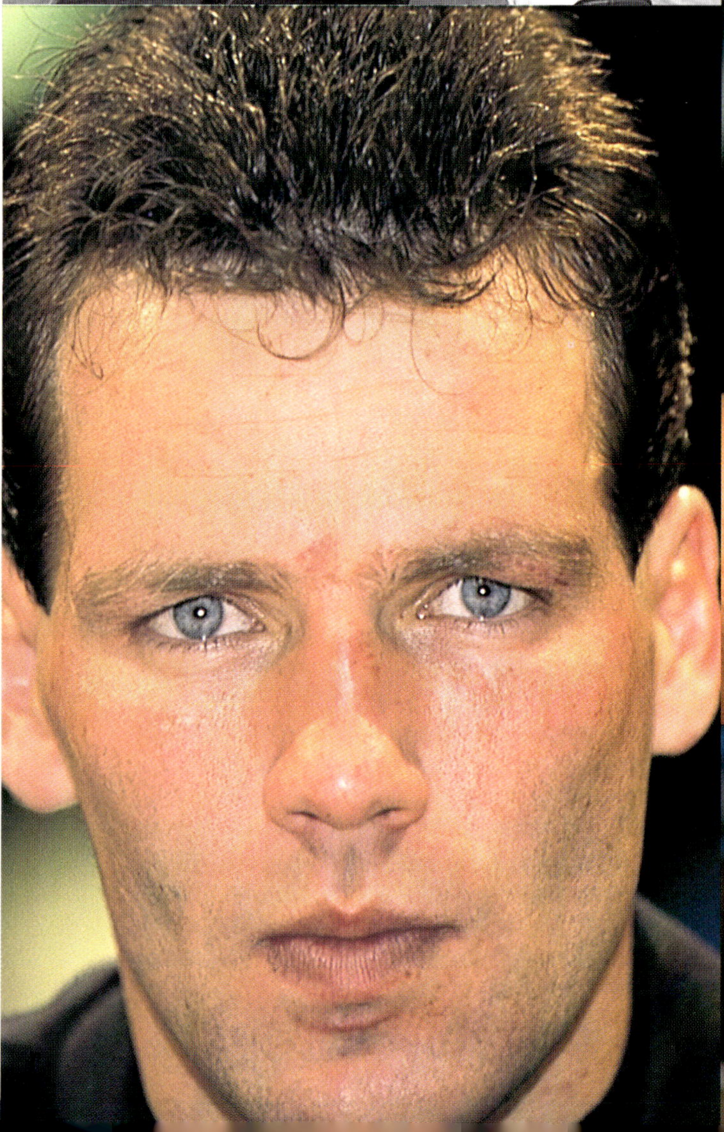

MADE IN MEXICO BY:
REYES
FOR

12. Runde Zukunftsmusik: Do it again, Henry!

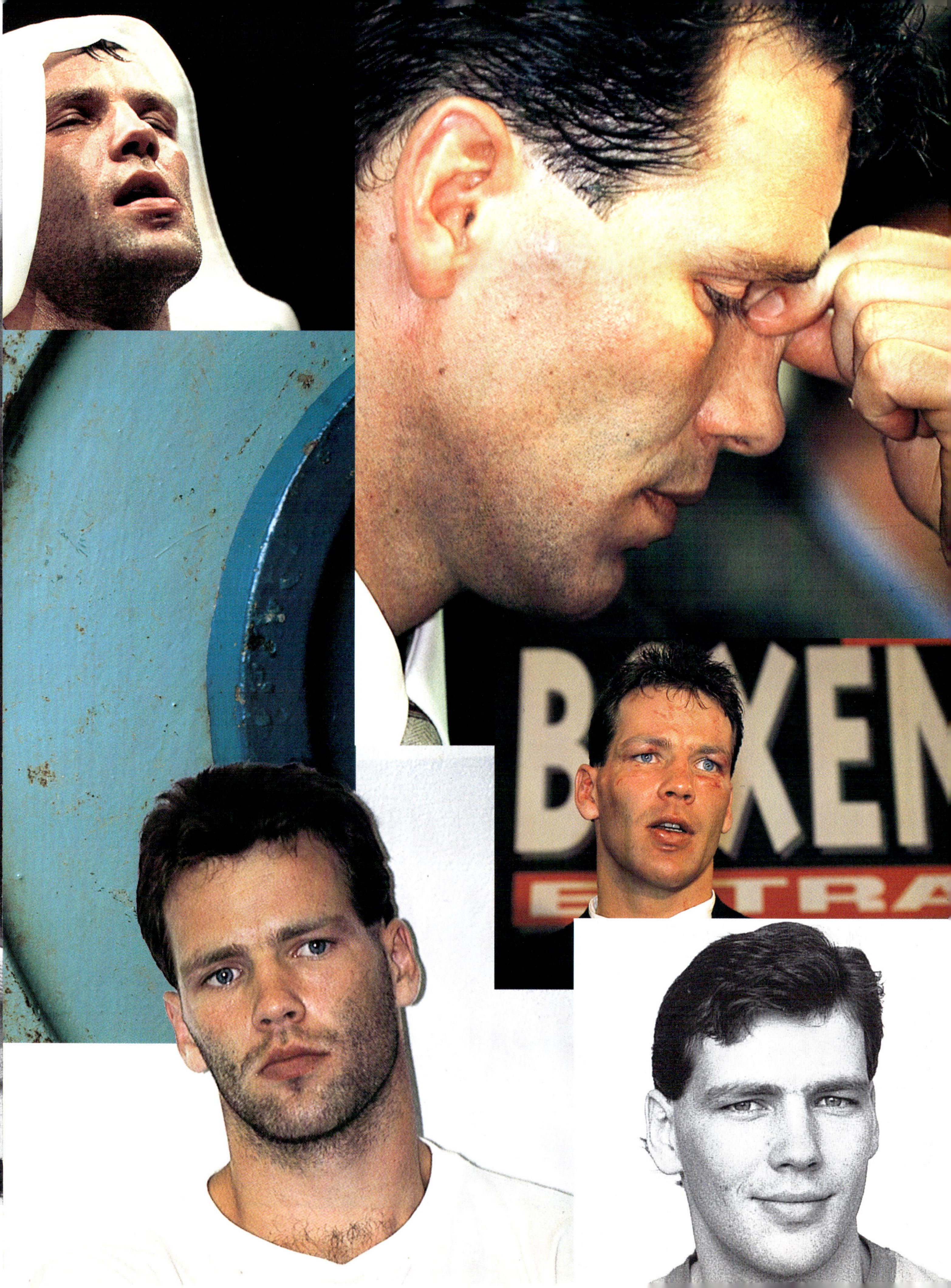

RTL

DO IT
VIDEO

Projektleitung: Raymund Stolze
Konzeption, Herstellung und Layout: Erika Huss
Produktionsassistenz: Christina Gronholz
Bildredaktion: Eberhard Thonfeld
Umschlagfotos: Eberhard Thonfeld (v), © F.A.Z.-Magazin/
Wolfgang Wesener (h)
Umschlaggestaltung: Theodor Bayer-Eynck
Fotos: ABACUS/GALA (6), Archiv (15), Barthel Fotostudio (1), Beyer (3), Bongarts (1), CAMERA 4 [Hassenstein, Thonfeld, Wiedensohler]: (59); City Press Berlin (2), Deutsche Presse-Agentur (6), F.A.Z.-Magazin/Wesener (2), Focus/Hendricks (1), Fröbus (1), Geller/SPORTS (1), Illustrierte BUNTE/Anatol Kotte (1), Lengemann/GHOST (1), Mausolf (18), Nagel (7), Olm (1), privat [13]: Bleck (9), Hönicke (1), Raschke (1), Röwer (1); Timm (1); Sport- und Pressefotos Wende (11), Strauß (4), teutopress (5), Uhlenhut (6), Ullstein Bilderdienst [17]: ADN (1), Almonat (2), Höhne (9), Schlage (3), Thonfeld (2); U.N.O. SPORTS (1), Weise (2), Winter (1).

Redaktionsschluß: 23. März 1995
Satz: LVD GmbH, Berlin
Lithos: UNIVERS GMBH GRAFIK & DESIGN, Berlin
Druck und Bindung: Westermann Druck, Zwickau GmbH
Printed in Germany 1995
ISBN 3-328-00650-8

Gedruckt auf alterungsbeständigem Papier
mit chlorfrei gebleichtem Zellstoff

In der Reihe SPORTSTARS ist im SPORTVERLAG bereits erschienen:
AYRTON SENNA: seine Siege – sein Vermächtnis/Karin Sturm,
ISBN 3-328-00642-7